NO TEMPO DOS BARÕES

Maria Werneck de Castro

NO TEMPO DOS ·BARÕES·

HISTÓRIAS DO APOGEU E DECADÊNCIA DE UMA FAMÍLIA FLUMINENSE NO CICLO DO CAFÉ

Moacir Werneck de Castro

Organização, Pesquisa e Notas

Bem-Te-Vi

Av. Presidente Wilson, 231, 10º andar
Centro, Rio de Janeiro, RJ
Cep 20030-021
Fone: (21) 3804 8678
Fax: (21) 3804 8670
E-mail: bem-te-vi@bem-te-vi.net
www.editorabemtevi.com.br

EDITORAS RESPONSÁVEIS
Vivi Nabuco e Lucia Almeida Braga

EDITORIA EXECUTIVA
Lélia Coelho Frota

ORGANIZAÇÃO, APRESENTAÇÃO, NOTAS E ICONOGRAFIA
Moacir Werneck de Castro

PREFÁCIO
Eduardo Silva

Foto da página 2: Pedro Oswaldo Cruz

DESIGN GRÁFICO
Victor Burton

ASSISTENTES DE DESIGN
Ana Paula Brandão
Fernanda Garcia

REVISÃO
Bem-te-vi

ASSESSORIA JURÍDICA
Manoel Nabuco

ÁRVORE GENEALÓGICA
Roberto Menezes de Moraes

DIGITALIZAÇÃO, TRATAMENTO DE IMAGENS E ASSESSORIA À EDITORAÇÃO
Marcello Braga Machado

Sumário

Apresentação *Moacir Werneck de Castro* 9
O olhar novo da menina do Abaíba *Eduardo Silva* 15

I A MENINA DO ABAÍBA 27
Vovó Carola 33
As Quatro Irmãs Abaibanas 39
A Casa da Fazenda 47
Quinquim do Guaxe e Outras Visitas 55
Emoções de Infância 61
A Viscondessa Pobre 69

II APOGEU E DECADÊNCIA DOS BARÕES DO CAFÉ 73
Origens e Cruzamentos 78
O Barão e os Escravos 86
O Grande Medo dos Senhores 93
Os Viscondes de Arcozelo 104
Meu Pai 113
Velhas Fazendas e a Prima Barbada 121
A Descoberta do Paraíso 125
A Índia Korikrã e a Civilização 132
As Greves: Prisão e Morte de Joaquim 138
O Alegre Caçula 146
Chicotada em Cavalo Agonizante 149

III CADERNO DE IMAGENS 153

Nota da autora sobre suas fontes 201
APÊNDICE I Compra e reforma de Monte Alegre 203
APÊNDICE II Árvore genealógica 208
Dados biográficos 210

Apresentação

Moacir Werneck de Castro

Desde o falecimento de minha irmã Maria Werneck de Castro, em março de 2000, assumi a responsabilidade de preparar o material para um livro de memórias que ela vinha escrevendo, e, juntamente, coletar documentação sobre a sua obra de ilustração botânica, que lhe deu merecida notoriedade.

Eu pretendia reunir tudo num só volume. Cheguei, entretanto, à conclusão de que esses dois aspectos distintos da atividade de Maria ganhariam se tivessem divulgação separada: um volume com textos literários e a iconografia referente ao seu âmbito familiar e genealógico; e outro, onde encontrassem abrigo a sua pintura, cujo tema principal são espécies vegetais em extinção, e os textos ligados a esse campo específico, além de memórias da idade madura.

A primeira parte do livro, intitulada "A menina do Abaíba", não representava maior problema para o trabalho do organizador, porque já estava toda redigida por minha irmã; era a sua narrativa memorialística, com centro na fazenda empobrecida de Carolina

Avelar de Albuquerque, nossa "vovó Carola", onde ela contava suas impressões de menina descendente de nobres do Império sobre a fase de decadência da lavoura do café na região fluminense do Vale do Paraíba. A respeito escreveu Eduardo Silva, autor de *Barões e escravidão:* "Trata-se de um documento — chave para a história cultural do período pós-Abolição da escravatura". E o embaixador Rubens Ricupero: "Obra-prima que já nasceu clássica, como o diário de Helena Morley (*Minha vida de menina*), com o qual foi comparada."

A segunda parte do livro, "Apogeu e decadência dos barões do café", não estava concluída: foi preciso desentranhá-la daquilo que Maria chamou "um belo caos": pilhas de papéis, notas e documentos desarrumados, tudo em estado de assustadora mistura, sem preocupação cronológica ou temática. Já era um *tour de force:* ela não poderia fazer melhor, com o peso dos anos. Resultou, entretanto, um belo trabalho de reconstituição da história do clã dos Werneck, que se entrecruzou ao longo do tempo com o dos Avelar.

A origem desse nome Werneck se perde no século XIV na Alemanha, com escala em Portugal. Mas o antepassado da preferência confessa da autora é o açoriano Manoel de Azevedo Matos, que se casou com Antônia Ribeira e adotou o nome de família da mulher, uma Werneck. Foram pais de Inácio de Sousa Werneck, chamado o patriarca da família, que se ordenou padre depois de enviuvar, tendo doze filhos. Enriqueceram, pai e filho, graças a um comércio lucrativo e à obtenção de sesmarias. O filho de Inácio que se tornaria o representante-mor da família, Francisco Peixoto de Lacerda Werneck, autor de um livro de sucesso sobre a fundação de uma fazenda, agraciado com o título de barão de Pati de Alferes, foi dono de sete fazendas e senhor, em certa época, de quase mil escravos, que eram o seu "capital mais precioso", como dizia.

Nessa crônica se destacam episódios como a repressão ao quilombo de Manoel Congo, apelidado de "Zumbi fluminense"; o rápido enriquecimento e também a rápida ruína da lavoura do café, cujo fastígio não chegou a durar meio século; os problemas criados pela principal fonte de riqueza que era a escravatura, dando em resultado o 'grande medo' dos senhores; e a 'descoberta do paraíso', que foi a migração do ramo da família empobrecida de Maria para Blumenau, em Santa Catarina, onde o pai e um irmão, já contestadores, participaram em lutas de reivindicação operárias. São dignos de nota personagens curiosos da família, como o "primo Quinquim do Guaxe" e a "prima barbada de Maçambará", dona de três fazendas, casada, mãe de três filhos, famosa pelo orgulho com que exibia, sempre encorpada, a sua vistosa barba.

No meu trabalho de organizador-redator, talvez eu tenha deixado escapar aqui e ali algum torneio de frase ou palavra que minha irmã não usaria. Mas, de qualquer forma, isso não foi relevante, pois me senti protegido pela intimidade adquirida com o que ela pensava. Salvou-me a clara consciência do propósito fundamental de manter toda fidelidade possível ao que Maria desejaria ver publicado. Restaram, a meu encargo, a redação do texto final, a pesquisa iconográfica e as notas do organizador. (Algumas destas, de caráter pessoal, são redigidas na primeira pessoa; em outras, citam-se preferencialmente autores da maior familiaridade de Maria, como Stanley J. Stein e Eduardo Silva).

Tudo o mais é de minha irmã, inclusive julgamentos mais severos onde se poderia vislumbrar uma influência alheia. Por exemplo: a veemência de Maria no condenar a desumanidade do regime escravista em que se baseou a fortuna de nossos antepassados, barões do café. O conhecimento da história e sua apurada sensibilidade a levaram a repudiar de motu próprio uma herança de avós e bisavós que meu pai já malsinava, sentindo o peso do estigma da escravidão. Sem perda de uma natural inclinação afetiva pelos ancestrais e sem prejuízo daquela condição a que Machado de Assis chamou "puro efeito das relações sociais" (como se verá mais adiante neste livro), ela soube ver a culpa inescapável dos senhores escravos.

Maria escrevia bem, e seria ridículo que eu tentasse maquiar seu estilo. Era uma escritora nata; trazia consigo um lastro considerável de boas leituras, como deixou provada a sua biblioteca. Só a modéstia a impedira de publicar qualquer coisa antes, exceto reflexões sobre o desenho científico no Brasil.

Como organizador deste livro, me ajudou bastante um fator aparentemente negativo: a circunstância de me faltar a mínima vocação de ficcionista. Só assim eu poderia esconjurar a tentação de me intrometer na narrativa de Maria, fantasiando, inventando coisas. Com essas histórias à mão, umas pitorescas, outras dramáticas, que romancista resistiria a erguer vôo?

O mais importante, porém, veio da contribuição e do estímulo de Rosa Freire d'Aguiar, competentíssima colaboradora que se interessou espontaneamente por este livro, com sugestões sempre oportunas, achados surpreendentes e um admirável senso de coordenação.

Tive, também, a valiosa colaboração — já antes prestada à própria autora — de Roberto Menezes de Moraes, genealogista, cronista das famílias Werneck e Avelar, descendente de Mariana, irmã de minha avó paterna Maria Isabel. Valeu-me ainda, com observações e material iconográfico, minha sobrinha Ione, filha de minha irmã Elsa. E caberia citar também a contribuição do sobrinho Luís, filho de meu irmão mais velho. Sem falar, é claro, da assistência de Lélia Coelho Frota, por parte da editora.

Às vezes me foi penoso acompanhar minha irmã Maria na evocação de episódios em que falava do sofrimento de nossos pais, arrastados na voragem e na ruína da sociedade a que pertenciam. A mim, o caçula, vinte e dois anos mais moço que meu irmão primogênito, havia sido poupada a revelação de certas passagens mais pungentes de um período que não vivi.

Não me contavam muita coisa. E devo confessar que a história de minha família pouco me atraía quando jovem. Não me orgulhavam aqueles títulos nobiliárquicos que podiam ser comprados no mercado da Corte, nem tampouco me deslumbrava uma riqueza baseada no trabalho dos escravos.

Quando me dediquei à organização deste livro, pude ganhar uma visão mais fiel da realidade de um outro tempo, sem no entanto cair em beatitude pelo que deslumbrasse de positivo ou interessante na saga familiar. Graças a Maria, adquiri esse conhecimento, com a melhor avaliação de situações ricas em significação histórica e social da vida de meus antepassados, inclusive de meus pais e irmãos.

Estão todos mortos. Ao sobrevivente temporão que eu sou, coube compendiar memórias de várias épocas — momentos, vivências — testemunho que seria injusto entregar a um olvido do qual minha irmã empreendeu resgatá-lo, com persistência e carinho admiráveis.

Maria com oito anos, no mal tratado jardim do Abaíba. Era uma atilada observadora de tudo o que se passava.

O olhar novo da menina do Abaíba

Eduardo Silva

A menina gostava de ficar a um canto, quieta, escutando a conversa dos adultos. A velha senhora resolve colocar no papel tudo o que a menina viu e ouviu, a infância na fazenda do Abaíba, no Vale do Paraíba, e, em continuação, a saga familiar que tem início com a Abolição da escravatura e decadência dos velhos cafezais fluminenses. O resultado é uma narrativa leve, despretensiosa e, ao mesmo tempo, um documento histórico sem par, autêntico, substancioso, sobre a vida privada, o cotidiano, a micro-história, enfim, de uma importante família de cafeicultores da velha província do Rio de Janeiro.

Maria Werneck de Castro escreve suas lembranças, mas informada pelo olhar novo da menina do Abaíba. Com ela podemos penetrar os segredos da casa-grande no período pouco estudado da crise e longa decadência da cafeicultura escravista. Trata-se de um documento-chave para a história cultural do período pós-Abolição da escravatura. Através do olhar da menina do Abaíba podemos penetrar a vida privada de uma importante família de fazendeiros, os padrões de convivência humana, o cotidiano de uma fazenda de café no início do século passado. Podemos quase entrar nas "pequenas brigas" de família; podemos intuir as razões da implicância de tia Sinhá Pequena contra a pobre da Maria e, ao mesmo tempo, degustar a cumplicidade por trás dos panos de seu tio Álvaro, que lhe passava secretamente parte dos deliciosos bombons de chocolate que trazia do Rio de Janeiro.

Na primeira parte de suas memórias, Maria Werneck de Castro nos faz ver a história através do ponto de vista da menina. Por isso a narrativa é ágil, delicada, fácil de ler. O próprio ângulo de visão é de baixo para cima, como as crianças vêem e vivenciam o mundo dos adultos. Seu tio Álvaro, por exemplo, "era alto e abaixava-se, mudo, sorridente; eu sentada no chão, brincando, recebia os bombons, contente, calada, escondia-os rápido e ia mostrar a mamãe, que ficava visivelmente satisfeita".

A menina ficava quieta ouvindo a conversa dos mais velhos. "Eu escutava tudo", confessa ela a certa altura. E escutava mesmo. Com ela podemos explorar áreas novas dos estudos hitóricos, entrar na vida privada e até na intimidade de uma família brasileira do final do século XIX e início do XX. Ficamos sabendo o que pensava sua avó Carolina de Avelar Albuquerque, a matriarca da família, a "dama do Abaíba". Ficamos conhecendo a relação da mãe com as tias; a operação de fimose do primo Josué; as "ovelhas negras da família"; os que tinham "maus costumes", e até uma certa parenta que "caiu na vida" e foi morar na Zona do Mangue.

O estilo é elegante e contido, mas Maria fala sério e fala reto. Por ela temos notícia não apenas das glórias da família, como também dos "jogadores" que punham fora a herança dos barões; dos misóginos que se escondiam nas velhas fazendas decadentes e, enfim, de boa parte da tradição oral da família. E não apenas a "tradição oral", como alguns desmentidos categóricos. O primo Antônio Ribeiro, por exemplo, que era tido como "o *pão-duro*" da família, mereceu uma defesa consagradora: "Fama injusta", registrou a menina do Abaíba, "porque foi pronto em oferecer a papai a fiança necessária quando, mais tarde, assumiu o cargo de coletor federal".

São lembranças de menina curiosa, inteligente, sempre bisbilhotando entre os guardados dos "grandes", como os livros de capa dura do avô médico, escritos em francês e cheios de estranhíssimas figuras, como "barrigas de mulheres com crianças dentro, e outras coisas". E também os livros do pai, uns em francês, que a menina já conhecia, outros em misteriosos caracteres de alemão gótico. Menina curiosa e bisbilhoteira ao ponto de espionar a intimidade dos pais pelo buraco da fechadura.

Maria Werneck de Castro, a menina do Abaíba, retrata com singular sensibilidade o espaço da casa e da família. Realiza, na minha opinião, uma autêntica etnografia da vida familiar em uma fazenda de café no período pós-Abolição. A menina vive e nos dá notícia dos primeiros decênios pós-Abolição da escravatura. O sistema escravista já não existia, mas os traços da escravidão ainda estavam por toda parte.

Um tema acadêmico e frio, como, por exemplo, "a decadência da cafeicultura escravista fluminense", toma contornos humanos muito precisos — e comoventes — quando vemos sua avó, dona Maria Isabel, filha do barão de Pati do Alferes, viúva do visconde de Arcozelo — a sua amada "vovó viscondessa" — ser obrigada a vender o melhor de suas terras, a muito bem montada fazenda Monte Alegre, e se mudar para o Roseiral, uma fazendola insignificante para os padrões da época, terra pouca e uma "casa muito simples, meio de colono". O termo "colono", no contexto do Vale do Paraíba, não significa membro de uma colônia estrangeira, mas simplesmente ex-escravos e seus descendentes que haviam conquistado pequenos "direitos" de propriedade dentro das fazendas. Muitos desses, depois do 13 de maio, preferiram permanecer nas fazendas e garantir o que já haviam conquistado. "Vovó viscondessa" morando numa casa de "colono"? A menina observadora e sensível como que capta o fim de uma estrutura econômico-social por intermédio desses pequenos detalhes do dia-a-dia. "Era triste ver aquela senhora, antes riquíssima, morando naquele casebre. Mas ela era extraordinária: nem uma queixa, nem uma lamúria". Uma das páginas mais tocantes de Maria Werneck de Castro é a descrição dos funerais de sua avó viscondessa. "O enterro foi de pobre", registra ela em pinceladas rápidas, mas plenas de simbologia e significado. "Nunca esqueci a cena, eu sozinha de luto, na varanda da sala de jantar, vendo passar o caixãozinho carregado pelos ex-escravos, maltrapilhos, descalços, de chapéu na mão, um a um".

Embora tenha vivido no Abaíba somente até os dez anos de idade, a narrativa de Maria Werneck de Castro impressiona pela vivacidade e qualidade das observações. Os traços materiais e as lembranças do "bons tempos" estavam por toda parte. No Abaíba, uma fazenda de tipo médio, as paredes eram forradas com papel importado e havia piano no salão principal. A menina lembra ainda um relógio octogonal na parede, verdadeira jóia do tempo dos barões, "com fundo de porcelana azul e os ponteiros dourados".

Apesar de todo o luxo remanescente, a vida no Abaíba era, na verdade, de uma espantosa simplicidade para os padrões de hoje. Na casa-grande não havia água encanada e o banho era tomado de bacia nos quartos. A comida era mais ou menos a mesma que comiam os roceiros da região, todos os dias: "arroz, feijão, angu, frango branco, sem tempero".

No solar do Abaíba, como em muitas fazendas do Vale do Paraíba, no tempo da decadência, as louças podiam até ser estrangeiras, mas a comida era nacional e simples. Na cozinha do Abaíba, por exemplo, havia uma queijeira de louça colorida e delicadamente trabalhada, mas queijo mesmo que é bom, a menina não viu por lá. As condições de vida e conforto, mesmo na casa-grande, impressionam e mostram a distância que nos separa desse outro tempo histórico. A água de beber simplesmente pegava-se num riacho próximo. A um canto da cozinha ficava a bilha de água fresca, os copos e uma concha para tirar água da bilha.

Além das condições de vida no tempo da decadência, Maria Werneck de Castro registra também a vida boa de uma menina de fazenda, a infância do final do século XIX e início do XX. Meninos e meninas, pelo menos até os dez anos, parece que já não se davam muito bem naquele início de século. A pobre da Maria, pelo menos, morava na mesma casa e tinha que aturar o primo Josué, sempre disposto a aprontar alguma, e um outro primo menor, filho de Sinhá Pequena, que lhe puxava "histericamente" os cabelos.

Trata-se aqui de uma fonte particularmente importante para a história social da infância e da família, na linha aberta por Philippe Ariès. Menina feliz de fazenda, Maria Werneck de Castro guardou para sempre as brincadeiras de criança. Seu irmão mais velho, Joaquim, andava numa égua pampa imitando a gravura de "índio guaicuru" que aparecia no livro de História do Brasil. Creio tratar-se do desenho clássico de Jean-Baptiste Debret, onde guerreiros guaicurus atacam sorrateiramente os inimigos, de lança em punho, a perna direita no estribo e a mão esquerda agarrada na crina do animal. A manobra pode ser arriscada, mas a fantasia é maravilhosa. Nada de comprar brinquedos caros e prontos. As crianças do Abaíba inventavam as brincadeiras e construíam seus próprios brinquedos. Maria não esqueceu jamais o par de "pernas-de-pau" que o irmão Joaquim fez para ela. Brincavam também de "peteca, malha e cabra-cega".

Menina de fazenda, sempre fazendo par com o irmão Joaquim. Andavam os dois pela fazenda procurando aventura, pegavam carona no carro de bois que transportava o café da roça e se deixavam lambuzar na "gosma" cheirosa dos frutos recém-colhidos. Menina de fazenda, livre, daquelas que sabem muito bem relativizar a opinião dos adultos, sempre muito restritivos: "chegando em casa, levávamos pito, mas estávamos felizes e íamos trocar de roupa", confessa ela sem demonstrar nenhum arrependimento. Menina de fazenda, moleca, feliz da vida quando um dia, finalmente, lhe cortaram os cabelos bem curtos e a livraram das detestáveis sessões de desembaraçamento.

Vida de criança que tinha espaço para brincar, mas que também passava por um processo educativo. No Abaíba era terminantemente proibido xingar qualquer nome feio, inclusive "diabo". A menina e os irmãos aprendem as primeiras letras em casa mesmo, orientados pela mãe. A turma toda, quando chegava a idade, era posta para estudar numa mesinha antiga, estilo "Maria I", sentados em tamboretes. Eram estudos domésticos, mas o nível e a qualidade do programa impressiona. "Quando já sabíamos ler em português, íamos para um livrinho chamado *La méthode de Hahn*, para aprender francês. Naturalmente mamãe nos ensinava também história, geografia e tabuada, que decorávamos andando pela casa".

Trata-se evidentemente de uma família de barões cultos e bem educados. Nada de "barões de tamancos", de poucas letras e até de pouca inteligência, como nos fala Gilberto Freyre. No Abaíba havia livros em português, francês e alemão gótico. Na fazenda do Pau Grande, dos Ribeiro de Avelar, nos tempos do "esplendor antigo", havia biblioteca com livros franceses, entre outros, La Fontaine, Molière, Victor Hugo e George Sand, além da indefectível coleção da *Revue des Deux Mondes*.

As aulas de história do Brasil eram ministradas com base no livro do padre José Maria de Lacerda, cujo método era o tradicional questionário de pergunta e resposta. Tudo tinha que ser decorado, tanto as perguntas quanto as respostas:

"— Quem descobriu o Brasil?"

"— Quem descobriu o Brasil foi o almirante português Pedro Álvares Cabral. Navegava Cabral para as Índias"...

As gerações anteriores — os pais e avós da menina —, criadas nos dias de fastígio, foram educadas por governantas francesas. O avô médico lia francês; o pai, educado na Alemanha, lia francês e alemão. Não apenas na rua do Ouvidor, mas também na fazenda do Abaíba, no Vale do Paraíba fluminense, o francês era a língua oficial da *Belle époque*. E mesmo na linguagem comum havia sempre alguns termos franceses, conforme informa a menina do Abaíba. "Nos nossos brinquedos de pique [havia]uns termos: *un, deux, trois, Marié-Bonbon de chocolat*, e umas canções: *comme ci comme ça*".

Mas não é só o universo infantil que o trabalho revela. *No tempo dos barões* nos permite também entrever o papel fundamental desempenhado pelas mulheres naqueles momentos difíceis da transição, queda e dificuldades. Trata-se, portanto, de fonte de grande valia para o estudo do cotidiano feminino nas fazendas tradicionais de café. São informações finas, informações de qualidade. O que vemos aqui, por exemplo, não parece reforçar, de modo algum, o mito das "sinhazinhas pamonhas", como generalizou certa feita Delgado de Carvalho. Muito pelo contrário, Maria Werneck de Castro nos apresenta uma galeria de mulheres fortes, companheiras válidas de seus parceiros. Muitas administravam sozinhas as fazendas na ausência ou inaptidão dos maridos. A mãe da menina, por exemplo, costurava para a família toda e para a criadagem. Tia Tita também bordava e as mulheres, em geral, trabalhavam duro. "Lembro-me de ver as duas constantemente em atividades de costura; tia Tita consertando as roupas do marido e dos filhos, mamãe também, mas costurando outras coisas mais".

A menina revela com especial sensibilidade o universo da casa e, portanto, o universo feminino do início do século passado. A menina nos fala de sua relação com a matriarca da família, sua outra avó, dona Carolina de Avelar Albuquerque, a quem chama, em significativa homenagem, "a dama do Abaíba". Helena Morley, no final do século

XIX, em Diamantina, lamentava o semi-analfabetismo de sua avó, que "mal aprendeu a ler e escrever e por isso fica pensando que é coisa do outro mundo contar as coisas com a pena". A menina do Abaíba não podia pensar o mesmo que a menina de Diamantina. Vinda do tempo dos barões e do apogeu do café, dona Carolina de Avelar Albuquerque, a avó de menina, sabia ler e escrever com desenvoltura, coisa rara para uma mulher de sua geração, sobretudo no meio rural. As moças ainda não iam à escola. Carolina foi educada na própria fazenda do pai, por uma governanta francesa, *mademoiselle* Régine. *Mademoiselle* ensinava francês, piano e boas maneiras.

Dona Carolina, ou "vovó Carola", como era conhecida na intimidade da casa, desde que enviuvara, isolou-se em seu quarto, seu refúgio, onde não admitia ninguém, a não ser sua neta querida, a menina do Abaíba. Maria Werneck de Castro nos conta um desses encontros. Quase podemos ver as duas juntas, o diálogo tenso das gerações, os dois extremos da família. A velha senhora, e sua neta, o sangue novo, a reconstrução de seu nome. A dama e a menina do Abaíba. A menina sentava-se na cama alta despreocupada e balançando os pés; a velha senhora "tirava de uma gaveta da cômoda dos santos uma caixa e de dentro dela uns papéis, recortes de jornais, punha o *pince-nez* e lia, chorando, as notícias da morte de vovô. Eu escutava, quieta, e depois contava à mamãe e aos outros".

São memórias de uma menina da casa-grande, mas, aqui e ali, em torno da casa-grande, podemos recolher também notícias do povo negro depois da Abolição da escravatura. São notícias raras. Muitos, no período pós-abolicionista, saíram realmente em busca de melhor sorte em outras fazendas ou na cidade grande do Rio de Janeiro. Outros preferiram ficar. A menina nos dá notícia dos que ficaram, alguns por conveniência, outros porque não tinham mesmo para onde ir. Vicência, por exemplo, sempre com seu cachimbo na boca, pitando fumo-de-rolo, dava conta de todo o serviço no Abaíba: cozinhava o trivial simples, lavava, passava, preparava os banhos de bacia e cuidava da casa.

A menina sabia de tudo, inclusive da vida dos empregados. O "camarada" Manoel era a paixão secreta da cozinheira Vicência, a quem esnobava. Manoel pegava água no ribeirão com latas de querosene, rachava lenha para a cozinha e ajudava o carreiro Jesuíno na época da colheita.

A Abolição final foi assinada no dia 13 de maio de 1888. Quando a menina nasceu, em 1905, já não havia escravos no Abaíba há 17 anos. No período pós-Abolição passam a existir apenas "camaradas", como o Manoel, que recebia salário, e "colonos", isto é, moradores da fazenda que, já no regime passado, haviam conquistado o "direito" de cultivar determinadas parcelas de terra. No dia de Reis (6 de janeiro), dia especialmente significativo para a comunidade negra, os "colonos" vinham até a sede do Abaíba apresentar sua folia e recolher donativos.

Maria Werneck de Castro, além da pintora precisa, tinha também olhar de etnóloga. Por ela temos notícia da comunidade negra não apenas no Abaíba, mas ainda em outras fazendas da parentela que a menina visita com regularidade. Na fazenda da Forquilha, de sua irmã Elsa, a menina conheceu Siá Maria Apressadinha, que "cuidava de lavar e passar, andava toda de branco, sempre fumando cachimbo, e mantinha na janela do quarto dois ferros de carvão permanentemente acesos". A menina nos lembra também seu Manoel Barão, sempre disposto a animar a criançada da fazenda, brancos e negros, com uma boa crítica social. "Seu Barão", com gestos afetados de homem muito culto e inteligente, "divertia a meninada bancando que sabia latim e, por exemplo, não hesitava em traduzir *dura lex sed lex*, 'o bom leite da vaca é tirado'". E tinha ainda o "Zé Meia-Noite"; o "Seu Renato", também fumador de cachimbo e sem uma função certa; Firmina, a responsável pelos banhos de bacia na fazenda da Forquilha; e Mariana, que cuidava da cozinha da casa-grande.

A escravidão já não existia, mas sua presença ainda era perceptível nas palavras e nas coisas, na própria cultura material do período. Um dia, investigando um dos "quartos de baixo", o sótão do Abaíba, a menina curiosa encontrou, como que esquecidos no tempo, os antigos instrumentos de punição dos escravos. A menina tinha horror a tudo isso e a custo podia admitir o que via: o "famigerado tronco", a humilhante "gargalheira" e a corriqueira "palmatória".

Maria Werneck de Castro nos fala também da presença muito sutil de estereótipos e preconceitos que vinham do tempo da escravidão. Parece existir, por exemplo, uma verdadeira barreira ideológica com relação à questão do trabalho. Dentre todas as pessoas que a menina conhecia, seu irmão Joaquim "era o único que se interessava pela terra, ia olhar o cafezal, perambulava pelas poucas casas dos colonos, conversava com eles". O interesse de Joaquim pela fazenda e pelos trabalhadores pode parecer legítimo e verdadeiro, mas, na época, ele tinha que enfrentar sérias barreiras ideológicas. "Quando o mato crescia em torno da casa, o irmão capinava, já sabendo que ia levar pito. O pretexto era estar sem chapéu — o sol fazia mal à saúde —, mas a verdade é que se considerava humilhante o capinar: enxada era instrumento de "camarada".

Outra barreira da época eram as relações conjugais interétnicas. No Abaíba as crianças estavam proibidas de visitar uma fazenda vizinha, do outro lado do rio, simplesmente porque o proprietário "vivia com uma mulata com quem tinha filhos". Eram proibições sérias, mas um tanto fora de lugar, visto que a miscigenação já não era possível de evitar ou esconder, mesmo nas melhores famílias. O próprio avô materno da menina, dr. Josué Torres de Albuquerque, formado em medicina no Rio de Janeiro, deixava transparecer, como coloca a menina, "alguma ascendência negra".

As relações interétnicas ainda geravam grande dose de ansiedade na passagem do século XIX ao XX. A menina escutava tudo e, na própria família, diziam as más línguas que Cláudio Gomes Ribeiro de Avelar, barão de Guaribu, simplesmente, transformou a fazenda do Pau Grande "num serralho de negras", o que, em linguagem hiperbólica, podia significar apenas que se uniu a uma mulher negra, escrava ou ex-escrava.

Outro casamento interétnico, segundo a menina, deu-se na fazenda Ribeirão, um pouco mais acima do Abaíba, onde "um tio de vovó Carola" viveu com uma mulher negra e deixou toda a herança para ela e os filhos, "inclusive uma louça armoriada, creio que Limoges", informa sempre precisa Maria Werneck de Castro.

Na segunda parte do livro, "Apogeu e decadência dos barões do café", Maria Werneck de Castro revela-se uma cronista sensível dos anos difíceis da derrocada tanto quanto dos anos felizes do reerguimento do pai e da família em Blumenau, Santa Catarina. Depois de tudo que a família tinha atravessado, a mudança para Blumenau correspondeu a uma verdadeira "descoberta do paraíso", como Maria denomina o capítulo correspondente. E era mesmo o paraíso, os anos alegres de sua mocidade e da infância do irmão mais moço, Moacir Werneck de Castro, ainda brincando despreocupado nas águas do rio Itajaí-açu.

Mas que não se pense Blumenau como um paraíso estático, sempre igual a ele mesmo. Trata-se de um paraíso em ebulição, onde estão presentes as novas tensões do Brasil pós-Abolição da escravatura, inclusive pelo aparecimento em cena de novos "colonos", os alemães que se estabelecem no país; de novas questões ideológicas, como o pangermanismo; das primeiras agitações operárias, do anarquismo e do socialismo de seu irmão Joaquim. Em Blumenau, na década de 1920, as memórias de Maria Werneck de Castro lançam luz não apenas sobre o velho Brasil escravista, mas sobre o nascimento do nosso Brasil de hoje. O especialista, como o leitor comum, não perderá uma única linha desta autêntica saga de família.

·I·
A Menina do Abaíba

A idéia de escrever um livro parecia-me acima de minhas forças. Foi muito a custo que me decidi. Minha narrativa, ligada à história de uma fazenda fluminense, teria de se basear em fatos, tirados de livros, ou em casos que me ficaram na memória, quando "os grandes" se esqueciam de minha presença e conversavam à vontade. Não me cabia recorrer à imaginação, mas dela não podia fugir ao evocar a figura de um antepassado, Manoel de Azevedo Matos.[1]

Eu o via, magro, sério, ansioso, tomando o barco que o traria da ilha açoriana do Pico ao Brasil. Que sentimentos teria ao tomar essa resolução? Aventura? Ânsia de enriquecer?

Esse antepassado não seria, porém, o meu ponto de partida. Vinha eu, há tempos, pensando em relatar o que sabia da vida de meus pais, mas não propriamente escrever a história da família. Antes, minha irmã Elsa estava indicada para a tarefa. Mas não a realizou.

Numa conversa de três dos cinco irmãos restantes, em Petrópolis, Moacir, o mais moço, jornalista, sugeriu que Elsa escrevesse a crônica da família, especialmente de um período que ele desconhecia, pois tinha ido com um ano de idade para o Sul, e voltara com onze. Elsa, que escrevia bem, nascera em 1900, na fazenda do Abaíba, propriedade da família materna. Ouvira mais histórias, conhecera mais gente, freqüentara as fazendas grandes, ainda bem conservadas, e as pequenas, que uns primos tinham heroicamente mantido com modestas rendas.

Levei cadernos, lápis e borrachas. De vez em quando perguntava:

— Já escreveu muito?

— Nada.

Afinal, um dia, ela confessou:

— Não posso. É tanta tristeza, que começo a chorar. Não agüento esse sofrimento, não só o nosso, mas o dos parentes.

O tempo passou, ela se foi, deixando a lembrança de sua doçura e firmeza de caráter.

Abaíba — "casa de noivos", em língua indígena, segundo a lenda — era a perfeita imagem da fazenda decadente da época que se seguiu à abolição da escravatura. Em torno não havia outra tão modesta. Todas ainda guardavam algo de um antigo esplendor. A proprietária, nossa avó materna, enviuvara aos 33 anos do médico Josué Torres de Albuquerque, vindo do Ceará que construíra a casa. A terra, cinqüenta alqueires, tamanho exíguo em comparação com as propriedades vizinhas, tinha sido presente dos pais da noiva, nossos bisavós. Dizia-se que o nome "o Abaíba", no masculino, era devido à sua caracterização como simples sítio, e não fazenda.

---

1. Sobre Manoel de Azevedo Matos, ver dados biográficos reunidos pela autora na página 45. (*Nota do organizador.*)

Os irmãos Maria e Moacir na varanda
da casa de Blumenau em 1921.

Carolina de Avelar Albuquerque (vovó Carola), a dama do Abaíba, aos 72 anos.

Vovó Carola

Minha avó materna, Carolina de Avelar Albuquerque — a vovó Carola[2] — era uma pessoa doce, sem energia. Vivia do passado, na lembrança da breve convivência com o marido, que morrera aos 45 anos no Serro de Minas, onde foi se tratar de uma tuberculose, esperando o milagre do clima. Dizia-se que fora bonita quando moça, e me tinha como sua neta predileta.

Era filha do comendador José Gomes Ribeiro de Avelar e Maria Francisca Werneck. Nada entendia de terras e lavoura. Entregou a administração do Abahyba — como então se grafava — ao irmão João Gomes Ribeiro de Avelar, apelidado Janjão. O pai tivera o gesto incomum de mandar três de seus filhos a lutarem na Guerra do Paraguai: Luís, o primogênito, Antonio (Nico), que por lá morreram, e Janjão, que sobreviveu. Desde que voltou da guerra, fosse por incapacidade ou por preguiça, não se interessou pela vida de fazendeiro.

Vovó tratava-o de "asa negra da família". A pequena lavoura de café não era replantada. Dentro da casa, bem construída e instalada —

haja vista o banheiro, igual a um que vi em Madri, numa casa-museu do século XIX —, os estragos começaram pelos canos enferrujados e pela falta d'água.

Possivelmente o marido, nordestino, ignorava as regras da região, como aquela registrada no livro de um fazendeiro experimentado, segundo a qual "a casa da fazenda deve ficar sempre junto a uma aguada". Ora, a casa do Abaíba tinha sido construída no alto de um morro, longe do rio Ribeirão e sua represa; nos fundos da casa, bem embaixo, corria um riacho, junto ao qual ficava o chiqueiro e onde os animais bebiam água.

Para fazer progredir a fazenda seriam necessárias energia e criatividade, qualidades mais tarde encontradas em Sinhá Pequena, apelido de Maria Madalena, uma das quatro filhas que restaram a vovó, morto o único filho, com doze anos. Dessas, Zizinha — Mariana — a mais velha, era quem menos ia lá.

Vovó Carola fez tudo para educar as filhas, sendo ela própria pouco instruída, se bem que para a época escrevesse direitinho, com boa caligrafia. Prova desse cuidado é que tomou uma governante francesa, *mademoiselle* Régine, para ensinar às meninas algumas letras, francês, piano e *bonnes manières.*

A casa do Abaíba era simples, sem a imponência dos grandes solares da região. Só as três palmeiras imperiais da frente lhe davam certo *cachet* de alta classe. Dessas, só restou uma.

Tia Sinhá Pequena comprou umas vacas, que garantiam a venda de algum leite. Mas não plantou mais café, porque as terras estavam cansadas. Menina curiosa, eu ouvia alusões à precária economia da fazenda, mas só o comentava com mamãe, por suspeitar da predileção que vovó tinha pela segunda filha, a quem entregara a responsabilidade da administração.

Vovó Carola andava então pelos seus sessenta e tantos anos. Era alta e austera, trajava sempre de preto, uma saia de sarja que lhe ia até os pés e que apenas produzia um leve frufru, quase inaudível ao roçar as largas tábuas do assoalho. De poucas palavras, não gostava de ser perturbada. Sua única vaidade era um "toque" que usava sempre, de rendas e fitas pretas, encomendado pelo catálogo das Galeries Lafayette, de Paris, por intermédio do comissário do Rio, representante que fazia as vezes de banqueiro e conselheiro de negócios para os fazendeiros.[3]

Em geral só saía do quarto para as refeições; costumava caminhar em redor da grande mesa da sala de jantar, aberta com todas as tábuas, o que eu achava estranho, porque raramente toda a mesa era ocupada. Ela se sentava à cabeceira, numa cadeira maior, de braços, e as filhas, quando iam lá, com os maridos ou filhos, tomavam lugar em cadeiras menores, também de jacarandá, como a da cabeceira, simples mas bonitas. As refeições não eram nada variadas.

Vovó morreu aos 72 anos de uma infecção provavelmente agravada pela diabetes e causada por uma gangrena resultante de um prosaico bicho-do-pé. Hoje pareceria inacreditável, mas nas velhas fazendas era uma *causa mortis* como outra qualquer, por exemplo uma picada de cobra.

Quando crianças, o bicho-do-pé nos era familiar no Abaíba, uma verdadeira praga. Devia ser tirado logo no início, quando causava uma leve coceira, antes que crescesse a ponto de formar um saco com ovos. A empregada Vicência era perita na extração, usando uma agulha ou alfinete flambado numa vela. Quando crescido, tirar o bicho doía que era um horror. Pois foi um desses malditos bichos que matou minha avó.

Estávamos na fazenda da Forquilha[4] naquela ocasião, vindos de Santa Catarina, e não fomos ao enterro. Restou entre os meus papéis uma carta de Moacir, então com onze anos, ao seu amigo Erich, de

Blumenau, com data de 13 de setembro de 1926. Mandava a seguinte notícia lacônica: "A minha avó (mãe da mamãe) morreu no dia 31 de agosto por causa de um bicho no pé". Era uma vocação de jornalista.

A sede do Abaíba não durou muito tempo depois da morte de vovó Carola. A fazenda foi vendida, não sei a quem, e a casa, demolida.

Josué Torres de Albuquerque casou-se com vovó Carola em 20 de julho de 1867; tinha 33 anos, ela, 21. Nascido em Fortaleza, formou-se em medicina no Rio de Janeiro. Era estranho aos clãs da aristocracia rural fluminense a que se ligou pelo casamento. Contrariou a tradição das famílias dos fazendeiros, que promoviam casamentos entre parentes, por interesse, para conservar as terras, nada de "gente de fora". Foi este também o caso de outro médico, meu avô paterno, o português Joaquim Teixeira de Castro, futuro visconde de Arcozelo, que se casou com vovó Maria Isabel, filha do barão de Pati do Alferes, a quem chamavámos "vovó viscondessa".

Meu avô Josué deixou poucas lembranças; morreu de tuberculose, aos 45 anos, tendo buscado em vão um tratamento nos bons ares do Serro de Minas. Um retrato dele a óleo, no Abaíba, mostrava um homem jovem, com cabelos crespos que deixavam transparecer uma raiz africana. Esse retrato desapareceu não se sabe como.

O pai de vovô Josué, comendador Manoel José de Albuquerque, baiano de nascimento, destacou-se na vida política do Ceará. Casou-se com Mariana Torres, moça de Sobral. Essa minha bisavó, da qual me ficou uma fotografia em que ela aparece como uma ruína humana, morreu aos 102 anos. Josué teve dois irmãos, Ismael e Davina. Esta veio a morar no Rio e, não sei devido a que circunstâncias, era a rica da família numa hora de empobrecimento geral. Aos 70 anos foi à Europa e escrevia cartas a vovó Carola, pelas quais tomei conhecimento de um tal Império Austro-húngaro.

Dirigindo-me ao Instituto Histórico do Ceará, recentemente, procurei saber mais sobre as famílias Torres e Albuquerque, mas pouco me foi informado. Contentei-me em tomar conhecimento do que se diz no Nordeste: que todos os Albuquerque descendem do patriarca Jerônimo de Albuquerque, capitão-mor do Maranhão, patriota famoso, que combateu os franceses no começo do século XVII.

---

2. Conheci minha única avó ainda viva em meados de 1926, quando, levado por minha mãe, passei uns dias na fazenda do Abaíba. Vindos do Sul, estávamos de volta aos antigos feudos fluminenses de nossa família. Poucos meses depois, em outubro, vovó Carola viria a falecer. Tenho dela uma lembrança fugaz, que confere com o que registra minha irmã em sua narrativa. A velha senhora era uma sombra vestida de negro que raramente se via pela casa. Não lembro que me tenha dado um beijo. Prima de meu pai (era bisneta do patriarca da família, Inácio de Souza Werneck), parecia ter puxado, em sua sequidão, mais ao lado Werneck do que ao Avelar, que trazia no nome de solteira. Mesmo criança (tinha onze anos), eu sentia no Abaíba o estigma da decadência. Recordo com melancolia o velho casarão já despojado do piano, dos móveis e muitos objetos de bom gosto deixados por vovô Josué, o terreiro onde não mais se "rodavam" os grãos de café, o pequeno curral de onde já não vinha o mugido das vacas. Jardim não sobrara, nem pomar com jabuticabeiras. Uma desolação. *(N. do org.)*

3. Pouco trabalho teria o comissário no Abaíba da decadência final. Mas tinha sido diferente em outros tempos. Stanley J. Stein assim define a profissão: "Era fornecedor de alimentos, banqueiro e guarda-livros.". Mais adiante: "Uma fonte de crédito utilizada com freqüência pelos fazendeiros durante os anos de prosperidade eram os comissários do Rio, muitos dos quais parentes consangüíneos ou contra-parentes das famílias de Vassouras. Durante o apogeu da produção de café em Vassouras, na década de 1850 e início de 1860, os comissários do Rio voluntariamente adiantaram créditos aos seus clientes, na garantia de colheitas futuras e taxas de juros variando entre 12% e 18% ao ano. Mas as condições financeiras no Rio não eram favoráveis à continuada independência e prosperidade dos intermediários, e, com o declínio da importância do município, as fortunas financeiras dos fazendeiros de Vassouras tornaram-se cada vez mais vinculadas a uma instituição nova e muito menos pessoal: os bancos." *(N. do org.)*

4. A fazenda da Forquilha, de propriedade de Júlio dos Santos Paiva, tinha 240 alqueires de área e vários cafezais ainda produtivos nas décadas de 1920 e 1930. Era situada no município fluminense então chamado Santa Teresa de Valença, hoje Rio das Flores, limitado ao norte por Minas Gerais, a oeste por Valença, ao sul por Vassouras (atualmente Pati do Alferes) e a leste por Paraíba do Sul. Júlio Paiva era casado com D. Vinoca (Silvina), irmã de Sebastião Lacerda, ministro do Supremo Tribunal Federal. Um dos filhos do casal, João de Lacerda Paiva, casou-se com nossa irmã Elsa, do que resultou uma aproximação maior das duas famílias. A sede da Forquilha, de bonito estilo francês, tinha um jardim bem tratado e um grande pomar de mangueiras. Está hoje, lamentavelmente, desfigurada pelo abandono. *(N.do org.)*

Três das quatro irmãs, Mariana (Zizinha), a mais velha, Ana (Tita) e Maria dos Anjos (Iaiá), a caçula, mãe de Maria, depositando flores num túmulo de parente.

As Quatro Irmãs Abaibanas

Tia Tita (apelido de Ana) ia muito ao Abaíba, com o marido, João Quirino Werneck da Rocha, e dois filhos, Josué e Dulce. Osvaldo, o filho mais moço, não ia, porque com uns quinze anos foi trabalhar na ilha do Viana, na baía de Guanabara, com Henrique Lage, que lá construíra estaleiros; tomava conta dos depósitos de carvão. Com o tempo, inspirou tal confiança ao industrial que passou a ser seu braço direito, e foi nomeado superintendente da Companhia Nacional de Navegação Costeira. Quando se casou, Henrique Lage destinou-lhe uma casa junto da ponte que unia o estaleiro à ilha de Santa Cruz, onde a família Lage tinha suas belas casas e a dos empregados graduados. Era um parque inglês. Osvaldo casou-se com uma moça, também chamada Dulce, de Paraíba do Sul, da família Costa Franco, que tinha recebido uma sesmaria em Vassouras.

Meu irmão Joaquim nasceu em casa de tia Tita, a 7 de abril de 1898. Dulce, xará da cunhada, era uma doçura. Quando nasceu a segunda filha, Henrique Lage mudou Osvaldo e família para uma casa da ilha de Santa Cruz, que fora de um irmão morto na gripe espanhola. Era um palacete. Fez reformas, pôs um piano de cauda no salão, um armário no *hall* do segundo andar. Nasceram do casal mais duas meninas, cada aniversário era comemorado com uma jóia fina.

Osvaldo vivia para os estaleiros instalados na ilha. Trabalhava com um uniforme cáqui, camisa e gravata de cor branca, chapéu de explorador, de sete e meia às dezenove e meia. Vinha almoçar correndo e quando acabava de comer, todos tinham de acabar junto.

Ia-se à ilha tomando na Praça Mauá, com horário britânico, uma lancha enorme para os operários e um ou outro passageiro. Descia-se na ilha, próxima, de Santa Cruz, e subia-se a pé uma ladeira. Se o visitante fosse idoso, esperava-o um Ford-de-bigode. As duas casas, a de Henrique Lage e a de Osvaldo, eram separadas por uma imensa pérgola, sempre florida.

Dentre os primos Avelar, houve um que se casou muito mal e levava a filha para brincar com as filhas de Osvaldo na ilha. Passados uns anos, eu, mais sabida, disse a Dulce que não a deixasse mais ir lá. Tinha "maus costumes" e as meninas eram uns anjos. Dulce afastou-a jeitosamente.

Tempos depois, eu já adulta, Dulce me aparece, muito nervosa: "Venho te pedir um favor, mas é segredo de morte". A menina "caíra na vida", e o rapaz com quem vivia, no Mangue, viera dizer que ela estava à morte, mas não queria morrer sem dizer adeus a Dulce. Mas ir ao Mangue? Osvaldo matava-a, se soubesse. Por que seria tolerável eu ir junto? Mas fui, e fiquei de pé numa porta, Dulce subiu com o rapaz. Demorou e apareceu, lavada em lágrimas. A moça ia morrer tuberculosa. Dulce deixou dinheiro para que ele pudesse sustentá-la e enterrá-la. Nunca se soube disso.

Josué, o filho mais velho de tia Tita, era jogador. Jogava, perdia, Osvaldo pagava, até que cansou. Dulce, a quem ele pedia dinheiro escondido, pagou por uns tempos. Se seu marido Osvaldo soubesse o mundo vinha abaixo. Tia Tita, como a sogra clássica, às vezes implicava com a nora, mas Quirinão — os sobrinhos tinham posto esse apelido em tio João Quirino, porque era baixote — adorava-a.

Josué, menino, não tomava jeito, me chamava para contar histórias e, quando eu estava feliz, dizia:

— Boba cabeleira, dentes de carvão!

Eu chorava de morrer, ele levava pito, mas eu, burra, esquecia e quando ele chamava outra vez, eu ia. Não era por causa da cabeleira, mas dos dentes escuros que eu tinha. Diferente era com o filho de Sinhá Pequena, Alvarozinho, mais moço que eu. Histérico, ele puxava os meus cabelos; eu chorava e era preciso a intervenção de um "grande", menos a mãe dele, que fingia que não via.

Dulce era um amor, mas um dia se distraiu e disse "diabo". Levou um pito de vovó e quase morreu de vergonha. Dentro de casa os meninos não xingavam, mas lá fora bem que o faziam.

Sinhá Pequena (Maria Madalena), outra irmã abaibana, casou-se pela segunda vez com Álvaro Correia de Matos, de família pobre mas que já aparecia no meio dos Werneck e dos Avelar desde o tempo do barão de Pati do Alferes. Corria na família a história de que ela não gostava de mamãe porque desejaria ter casado com o filho do visconde de Arcozelo, na época muito bom partido, além de belo moço. Era muito autoritária. Tinha bens, herdados do primeiro marido, Raul Werneck da Rocha, filho de tia Candota (Cândida), irmã de vovó. Com tio Álvaro, ia muito ao Rio, hospedavam-se no Hotel Paissandu, que era de boa categoria. Quando voltavam, ele dava um jeito de ficar um momento só comigo e me dava bombons de chocolate da Behring, envoltos em papéis brilhantes, coloridos, dos quais trazia uma quantidade para o filho. Era alto e abaixava-se, mudo, sorridente; eu, sentada no chão, brincando, recebia os bombons, contente, calada, escondia-os rápido e ia mostrar a mamãe, que ficava visivelmente satisfeita. Ela e o cunhado davam-se discretamente bem. A vovó eu não contava. Sabe-se lá o que se passava na cabeça de uma criança? Talvez a velha senhora iria se magoar com a mesquinhez da filha.

O fato é que titia (assim a chamavámos nós; os demais sobrinhos chamavam-na tia Pequena) era diferente das outras irmãs.

Tia Zizinha (Mariana), a mais velha, casada com o seu primo Joaquim Ribeiro de Avelar, dono da fazenda do Pau Grande (nome dado por causa de um imenso jequitibá que tinha havido lá e foi derrubado por um raio), nunca ia ao Abaíba, embora houvesse um quarto, "mobiliado para o casal", o "quarto de Zizinha".

Tio Joaquim era rico e eles viviam na fazenda Monte Alegre, que ele comprara, em 1911, da nossa avó Maria Isabel, viúva de Joaquim Teixeira de Castro, o visconde de Arcozelo. Quando ela vendeu Monte Alegre, baixou muito de padrão, ou de *status*, como se diz hoje. Ficava tudo em família, é verdade, mas a ex-dona teve que se mudar para a fazendola do Roseiral. Eram umas terras pertencentes ao filho, tio Francisquinho, com uma casa muito simples, meio de colono. Uma tristeza ver aquela senhora, antes riquíssima, morando naquele casebre. Mas ela era extraordinária: nem uma queixa, nem uma lamúria. Lá morreu, como contarei adiante.[5]

Tia Zizinha escrevia longas cartas a mamãe, afetuosas, chamando-a de "minha caçulinha" e outros nomes carinhosos. Tio Joaquim era um *gentleman*. Tinham quatro filhos. O mais moço, Josué, morreu com doze anos, de uma operação que, segundo ouvi dizer, era de fimose: eu escutava tudo... O mais velho, também chamado Joaquim Ribeiro de Avelar, me tratava de sua "xará", porque fazíamos anos no mesmo dia, 24 de agosto. Era alto, claro, louro, olhos azuis, bem Avelar. Punha-me nos ombros e passeava-me pelo casarão, eu me achava muito importante.

A primeira ida de mamãe a Monte Alegre, depois de vendida, não deve ter sido muito fácil. Casada, ela freqüentara muito a fazenda da sogra viscondessa. A Piedade, onde ela e papai moraram, fora herdada quando vovô visconde morreu. Era um ermo. Com os Avelar, Monte Alegre se reanimou.

Primo Joaquim Ribeiro ficou "fraco dos pulmões", mas viveu ainda bastante. A irmã dele, Maria, adorava mamãe, escrevia-lhe cartas de seis, oito páginas, falava nas hemoptises do irmão. Ela casou-se, mas não foi feliz e morreu cedo. A outra, Marianita, quando o pai empobreceu, fez concurso para a Central do Brasil; passou, porque tinha freqüentado o Colégio Sion. Era um contraste, ver aquela moça tão fina no meio de gente vulgar. Não viveu muito.

Tia Zizinha enterrou o marido e os filhos, vivendo no que lhe restou de vida uma verdadeira novela. O cunhado, Antônio Velho Ribeiro de Avelar, rico, tinha feito testamento para o sobrinho, pois sabia que o irmão era gastador, tinha herdado muito e posto tudo fora. Deixou a fazenda do Pau Grande para Joaquim Ribeiro, mas este morreu e a herdeira foi a mãe, minha tia.

Esse Antônio era tido como misógino. Havia morado em Paraíba do Sul durante uns anos e depois, sempre sozinho, no Pau Grande. Tinha a seu serviço um casal francês, os Doyen, o marido como mordomo e a mulher cuidando da casa como governante. Os dois tinham sido levados para lá por sua irmã Mariquinhas, casada com Manoel Vieira Tosta, barão de Muritiba. Dizia-se que tinham servido também à princesa Isabel. No tempo desse casal, havia na fazenda duas cozinhas, uma para os pratos nacionais e outra para a *cuisine française*. O primo Antônio Ribeiro tinha fama de "pão-duro": fama injusta, porque foi pronto em oferecer a papai a fiança necessária quando este, mais tarde, assumiu o cargo de coletor federal em Blumenau. Correspondia-se com mamãe num papel de carta refinado.

O Pau Grande não veio a ser o "Orfanato Antônio Velho Ribeiro de Avelar", como o antigo dono queria. Tia Zizinha, por testamento, legou a fazenda a um advogado, por quem se deixara dominar. Nós, sobrinhos, jamais ficávamos a sós com ela; havia sempre alguém da famíla do advogado montando guarda. Mamãe ia muito lá e, inteligente, percebeu tudo, discutia com o advogado, que a detestava, porque ela queria que o Pau Grande fosse doado a uma ordem religiosa, como determinara primo Antônio Velho Ribeiro de Avelar. As duas irmãs, já idosas, iam a cavalo visitar as fazendas em volta, todas de parentes.

Minha mãe (Maria dos Anjos, Iaiá) tinha trinta e poucos anos na época em que nos abrigamos no Abaíba, depois que papai perdeu a fazenda da Piedade, que lhe coubera por herança. Meu irmão mais velho, Luís, estudava e trabalhava no Rio de Janeiro; Elsa não ficou na casa da avó por muito tempo, indo estudar como interna num colégio de família amiga em Niterói; só Joaquim me fazia companhia na fazenda. Entre as irmãs, mamãe era a única pobre.

O Abaíba era uma fazenda decadente, o que só compreendi mais tarde. Andávamos até as fazendas dos arredores ou dávamos passeios em carro de boi. As outras irmãs não sei como se arranjavam. Mas nunca as vi nesse transporte secular. Se isso humilhava mamãe, não posso dizer: o fato é que era só ela. Eu esperava com ansiedade por esses passeios. Daí ser o carreiro Jesuíno uma figura importante para mim, porque conduzia os bois pelos caminhos de terra, as rodas do carro rinchando no eixo de madeira.

---

5. Ver o capítulo final desta Parte I, intitulado "A viscondessa pobre". *(N. do org.)*

A Casa da Fazenda

Quem viesse pela estrada de terra que ligava todos aqueles lugarejos — de Avelar, na estrada de ferro de bitola estreita, a Andrade Pinto, bitola larga, depois de Ubá, fazenda importante — toparia à direita com a porteira do Abaíba. Entrando, passava por um trecho de capinzal, com espécies variadas, cheio de trilhos. À direita, uns morros arredondados, que deviam ter sido cafezais. À esquerda, um barranco com capoeira rala, acompanhando o trilho mais largo, até um portão grande, que limitava o terreiro de terra batida e o jardim, fechado com um portão menor.

Vencida a subida e passando pelos dois portões, entrava-se no jardim, protegido por uma cerca de madeira, cujo vermelho da pintura o tempo descorara, e que nunca era regado, a não ser pela água das chuvas.

Flores, só as grandes das magnólias e extremosas que resistiam, e um pé de manacá junto à escada do alpendre de pedra arredondada. No tempo da floração, o manacá mostrava a sua coragem e era todo flores roxas, brancas e lilás. Junto ao pequeno portão, o jasmineiro se derramava sobre a cerca em volta. Mais para o fundo, à direita, havia um tanque com um repuxo seco, todo cercado de espadas-de-são-jorge. Fora da cerca, um tanto distante da casa, destacava-se uma imponente touceira de bambus imperiais, que se impunha pelo seu porte. Quando havia temporais, eles rangiam e me aterrorizavam. Quando papai estava ausente, eu dormia com mamãe. Nas noites de temporal, cobria a cabeça, com medo dos índios, e sentia o roçar do veludo da colcha florida. Muitos anos depois vi uma igual numa casa-museu do século XIX, em Viena. Eu imaginava que do bambuzal sairiam para nos atacar os guaicurus, índios cavaleiros, como os que via nas gravuras da *História do Brasil* do padre José Maria de Lacerda, onde eu aprendia:

— Quem descobriu o Brasil?

— Quem descobriu o Brasil foi o almirante português Pedro Álvares Cabral. Navegava Cabral para as Índias...

Certo dia um dos netos, meu irmão Joaquim, pediu licença para plantar no jardim uma rocinha de milho para comermos milho assado. Vovó consentiu e ele plantou com o auxílio da irmã caçula, eu, Maria, sua sombra. Era o único que se interessava pela terra, ia olhar o cafezal, perambulava pelas poucas casas dos colonos, conversava com eles. Na colheita do café ia comigo ao encontro do pequeno carro de bois, que vinha pela estrada da lavoura; subíamos no carro, sentíamos o cheiro do café, gostoso, e nos lambuzávamos com sua "gosma". Chegando em casa, levávamos pito, mas estávamos felizes e íamos trocar de roupa.

Quando o mato crescia em torno da casa, o irmão capinava, já sabendo que ia levar pito. O pretexto era estar sem chapéu — o sol fazia mal à saúde —, mas a verdade é que se considerava humilhante o capinar: enxada era instrumento de "camarada".

Preparando a roça do jardim, Joaquim fez as covas, semeou, e, com a ajuda da chuva, o milho cresceu, embora meio raquítico. Até que deu alegria ao jardim, aquela verdurinha.

Sinhá Pequena chegou e logo implicou.

— Onde já se viu, plantar milho no jardim?

Isso não impediu que, quando vovó lhe passou o comando, ela plantasse, além de milho, uma touceira de cana que tapava a porteira da estrada para Ubá, fazenda vizinha. Esse domínio conquistado por Sinhá Pequena veio aos poucos. Ela começou a ir ao quarto de vovó, onde tinham conversas em voz baixa.

Nunca vou esquecer as idas e vindas dessa minha tia no alpendre, pisando firme, os braços cruzados, o olhar vivo para frente, fazendo cálculos. Realmente, a pequena fazenda do Abaíba precisava de quem a governasse, com uma energia que faltava em vovó. A família de Iaiá — apelido de mamãe — foi prejudicada, porque ela não era mais tratada como co-proprietária.

No quarto pegado ao do casal Carolina-Josué, havia uma grande cômoda — já que na casa faltavam armários —, onde ficavam grandes santos, alguns bonitos. Não havia, porém, o chamado oratório paramentado; por isso os padres não iam lá rezar missa. Isso só se dava nas grandes fazendas, como Monte Alegre, Secretário, Pau Grande. Os padres eram poucos. Em Pati do Alferes esteve durante muitos anos o padre Fortunato, que me batizou e viveu tanto que, quando voltamos do Sul, em 1925, ainda lá estava, muito velhinho, morando numa casa enorme, com uma porção de filhos, muito considerado. A Igreja negligenciou muito o interior do Brasil.

A diferença entre as duas primas-irmãs — vovó Carola e vovó viscondessa — era grande. A primeira, isolada; a segunda, sociável, decerto pelo casamento. É verdade que muitas pessoas apenas passavam por Monte Alegre; na maioria gente simples. As visitas importantes eram recebidas no Rio, onde os viscondes costumavam passar uns tempos, em sua casa na rua Almirante Tamandaré.

Foi meu avô cearense, Josué, quem construiu a sede do Abaíba. A casa era sólida. As janelas grandes, fortes, tinham enormes ferrolhos que as fechavam de alto a baixo. Além das guilhotinas, constavam de venezianas e "janelas de pau". Na sala de visitas, onde se entrava passando pelo alpendre, na frente, havia umas cantoneiras com bustos de terracota, não se sabia de quem, nem tampouco quem seriam os autores. Papai um dia falou no nome do escultor dinamarquês Thorsvaldsen, muito conhecido na época, de quem vi obras na Europa. Essas cantoneiras desapareceram. Meu avô era homem de muito bom gosto, como se podia ver pelo que restou do tempo dele na casa. Tudo era do bom e do melhor. O piano, numa das vezes que voltamos, não estava mais lá. Deve ter sido vendido por vovó Carola, num momento de necessidade extrema. Foi pena, porque era de boa qualidade, com incrustações de cobre. Tinha em cima uns castiçais de bronze trabalhado. Assim, aos poucos, iam-se as coisas. O espelho de abundantes folhas de carvalho na moldura também sumiu. Isso não acontecia nas outras fazendas pequenas, porque nunca tinham tido nada.

Na linguagem comum havia uns termos franceses. Nos nossos brinquedos de pique, umas palavras: "*Un, deux, trois, Marié-Bonbon de chocolat*", e umas canções: "*Comme ci Comme ça*".

Duas estantezinhas estavam cheias de *bibelots* e caixas chinesas. Essas estantes mamãe me deu, e eu as dei a minha irmã Elsa quando vovó morreu.

Do teto da sala de visitas, pendiam grandes bolas de vidro de um colorido intenso, verde-musgo, vermelho-sangue, amarelo-ouro, azul-marinho, abóbora quase vermelho. A seguir vinham a sala de jantar e os quartos, três à esquerda — um para hóspedes, com quatro camas de solteiro, mesinhas-de-cabeceira e umas cadeiras. Como todos os cômodos se comunicavam, esse dava para o chamado "quarto de estudo". Ali havia, além de três camas, uma de casal, que pertencera a um tio, irmão de meu pai, mencionado no diário da viscondessa ("a cama inglesa de Francisquinho, com estrado de arame, foi para o Abaíba"). Essas trocas de móveis eram comuns entre as famílias. Uma das camas para criança crescida era toda trabalhada em torneios. No aposento bastante espaçoso, cabia ainda uma mesinha Maria I, onde estudávamos, sentados em tamboretes. Sobre ela ficava uma secretária — o *pupitre* — como só vi na Europa, em casas-museus. Havia lugar para lápis, canetas, tinteiros, livros e cadernos.

Nessa mesa mamãe alfabetizou os filhos, menos Moacir, que fez curso primário mais tarde, no colégio dos padres franciscanos, em Blumenau. Sobre Luís e Elsa, ela dizia que eram tão aplicados, que, ao chegarem no meio da página, já pediam para passar para a outra.

Quando já sabíamos ler em português, íamos para um livrinho chamado *La méthode de Hahn*, para aprender francês. Naturalmente mamãe nos ensinava também história, geografia e tabuada, que decorávamos andando pela casa.

A esse quarto seguia-se o dela, o "quarto de Iaiá".

Do outro lado da sala de visitas e de jantar ficavam os quatro quartos, sendo que nos dois primeiros se entrava pela sala de jantar, junto à cabeceira da mesa onde vovó se sentava para as refeições. Esses dois eram os quartos do casal, enquanto vovô viveu. A mobília era muito bonita, de mogno. De um lado da porta para esses quartos havia um armário de vidro onde ficava a louça menos usada.

As xícaras de café, muito pequenas, pareciam de coleção, mal davam para dois goles. Tio João Quirino, muito brincalhão, dizia que era pão-durismo de Sinhá Pequena. Havia louças várias, todas estrangeiras, pois naquele tempo não se fazia louça nacional. Uma era a minha paixão: uma queijeira colorida e trabalhada; mas queijo lá dentro nunca vi. No outro canto ficavam os copos e a bilha de água fresca, com uma concha para tirar água.

Em frente, no outro extremo da sala, um aparador, com armário em baixo; em cima, duas prateleiras sustentadas por duas peças também de jacarandá, em forma de pescoço de cisne. No outro canto, um aparador igual e na parede um relógio octogonal, com fundo de porcelana azul e os ponteiros dourados. Titia deu-o a um afilhado dela, o médico Edgar Werneck Magalhães Gomes.

Entre esses dois aparadores estava a porta do quarto de mamãe. Neles ficavam guardadas muitas coisas, louças, roupa de mesa e num havia um vidro amarelo, de farmácia, que nos intrigava muito, porque tinha duas caveirinhas e escrito "veneno".

O corredor ia direto à cozinha, tendo à direita cinco janelas de guilhotina, sempre abaixadas, e à esquerda cinco portas geralmente abertas pela metade, dando para as alcovas, passagens para os quatro quartos. Dessas janelas se via o jabuticabal, com umas quatro espécies de jabuticabas, a maior chamada de "macaco", que deve estar extinta.

Vovó ocupava o primeiro desses quartos. Desde que enviuvara só a mim chamava para ir lá. Sentava na cadeira, eu na cama grande e alta, tirava de uma gaveta da cômoda dos santos uma caixa e de dentro dela uns papéis, recortes de jornais; punha o *pince-nez* e lia, chorando, as notícias da morte de vovô. Eu escutava, quieta, e depois contava à mamãe e aos outros.

Primo Josué, a "ovelha negra da família", zombava de vovó, chamava o quarto de "sumidouro".

Uma das vezes que fomos a Monte Alegre encontramos os Campelo entre os convidados de tio Joaquim. Ele era Álvaro Werneck

Campelo, que ganhou nome como cirurgião. Um dia em que eu chorava, porque desembaraçavam meus cabelos, disse:

— Cortem os cabelos dessa menina, coitada!

— Mas não sei, senão tinha cortado — respondeu mamãe.

— Dêem-me uma tesoura — disse ele, e lá saí eu, livre dos cabelos.

Os primos Josué e Alvarozinho, filho de tia Sinhá Pequena, tinham os cabelos "à inglesa", de franjinha. Não me lembro se os Campelo levavam os filhos, que seriam mais moços do que eu. Muito mais tarde, conheci em casa do escultor Alfredo Ceschiatti, nos almoços que oferecia aos sábados, os irmãos Roberto, arquitetos, um deles casado com Maria, bonita e elegante, filha do doutor Campelo.

No tempo de tio Joaquim Ribeiro, Monte Alegre vivia cheia, muito bem freqüentada. Ele levava amigos do Clube dos Diários, então na moda, muito chique.

Joaquim Vieira Xavier de Castro, o "primo Quinquim do Guaxe", era uma figura pitoresca, muito querida pela parentela. (Fotografia de Isabela Tavares).

Quinquim do Guaxe e Outras Visitas

As visitas ao Abaíba eram poucas: Joaquim Vieira Xavier de Castro, o primo Quinquim do Guaxe, nascido na fazenda desse nome (devido a um pássaro preto e amarelo, de bico claro) e dono de Taboões, muito bemquisto e popular;[6] primo Ricardo, excelente pé-de-valsa, irmão de meu padrinho João Montemor, e viúvo de uma Avelar, de quem diziam ter sido mau marido e posto dinheiro fora no jogo; primo Antoninho, Furquim Werneck de Almeida, genro do Quinquim, viúvo, que nem parecia cego com seus olhos garços, azulados (diziam que era da sífilis, uma doença muito feia). Este vinha de carro de boi, sentado numa cadeira austríaca posta no carro, sempre acompanhado de primos e sobrinhos jovens. Levava jornais que assinava e fazia ler por alguém. Estava a par de tudo o que se passava no mundo, e sua presença era sempre bem-vinda. Tinha três filhos: um, Edgar, engenheiro, trabalhava na Great Western, em Pernambuco, onde morreu assassinado; outro, Fausto, muito gordo, era tabelião, com cartório na rua do Carmo, no Rio de Janeiro; o terceiro, Wladimir, estudava medicina, também no Rio, e tinha uma égua pampa que ele emprestava para Joaquim "andar feito índio guaicuru".

O terreiro se animava com as brincadeiras: perna-de-pau (Joaquim fez uma pequena para mim), peteca, malha, cabra-cega.

Quinquim do Guaxe morreu pobre. Vivia fazendo ou sendo alvo de brincadeiras. Contava-se que numa festa na fazenda de Arcozelo, ele, já viúvo, tinha conhecido uma senhora de Minas, muito bonita e dona de uma vistosa cabeleira, por quem se apaixonou. Os dois de repente desapareceram. Daí o primo Francisco das Chagas Werneck, conhecido como Chiquinho Chagas, poeta nas horas vagas, ter feito a seguinte quadra, mexendo com o Quinquim:

O Guaxe levou sumiço
e com ele a cabeleira.
Terá sido a tal mineira
que lhe pôs um tal feitiço?

Outros primos iam, mas era raro, porque no Abaíba não havia homens com quem conversar. Podiam ter sobrenomes diferentes, mas sempre eram Avelar ou Werneck. Um desses, primo Augusto Leitão, tinha estado na guerra do Paraguai e voltara com uma bolota no rosto, de tiro de bala, que me impressionava muito.

Mulheres não iam. Ficavam nas fazendas, trabalhando. Só as abaibanas não trabalhavam, a não ser mamãe, que costurava, e tia Tita, que bordava. Lembro-me de ver as duas constantemente em atividades de costura; tia Tita consertando as roupas do marido e dos filhos, mamãe também, mas costurando outras coisas mais. A roupa da criada Vicência era feita por ela, sempre a mesma: uma saia rodada, comprida até os pés, a blusa com uma abinha sobre a saia, mangas até o cotovelo franzidas nas cavas, e abotoada até o pescoço. A fazenda era de quadradinhos verdes e vermelhos, chamada riscado. Eram duas roupas: uma no corpo, outra lavando. À cozinha, só iam para fazer doces. Nossa presença era recebida com advertências: "Meninas, vocês não têm o que fazer aqui".

Voltando aos quartos do corredor. O segundo era depósito de móveis e livros de vovô e papai. O primeiro me intrigava, mas eu não deduzia nada; havia ali muitas figuras, barrigas de mulheres com crianças dentro, e outras coisas. Eu era tão inocente que não entendia nada. Nem comentava com ninguém, porque eram em francês. Os livros de papai raramente tinham figuras, uns em francês, outros numa língua esquisita, cheia de rabiscos — era alemão, em gótico, *altmodisch*, alguns em bonitas encadernações. Nunca vi ninguém mexendo naqueles livros. Curiosa era só eu, mas não tinha com quem comentar, iam dizer que era malfeito bisbilhotar lá.

O silêncio não era só dentro de casa. Lá fora, também, passada a hora de tirar o leite, nada se ouvia. Mas durante uns dias foi quebrado o sossego: começaram a aparecer umas formigas das grandes, vermelhas, chamadas "carregadeiras". Logo foi preciso chamar um entendido, porque o número aumentava. E ele diagnosticou: enxame, dos maiores. Arrancou tábuas ao lado do relógio e foi um pavor! Surgiram de um buraco enorme, profundo, milhares de formigas, atravessando a sala na direção do sofá colonial sob as janelas corrediças, e passando para o pomarzinho. Era um exército disciplinado, aquela esteira de uns oitenta centímetros a um metro de largura, caminhando sem parar, como se fosse regida por um maestro. Não sei quantos dias durou, nem como acabou, porque não me deixaram olhar a sala e atravessá-la, como eu queria.

Em frente à casa da fazenda, entre a estrada e o rio, avistavam-se a venda de *seu* Manoel e o moinho de pedra, para fazer fubá. Do outro lado do rio ficava a fazenda de seu Laurindo Melo, aonde não se ia nem quando o tempo permitia passeios a pé mais longos, porque esse homem vivia com uma mulata com quem tinha filhos. O pretexto para a proibição era que não se podia atravessar o rio: não havia ponte e seria perigoso pular pelas pedras da represa, quando o rio estava raso.

Mais acima à esquerda, ficavam as ruínas da fazenda Ribeirão, onde moravam os pretos e mulatos, descendentes de um tio de vovó Carola, o barão de Guaribu, que herdaram tudo, inclusive uma louça armoriada, creio que Limoges.

Mais tarde, quando vim do Sul, negaram-se a me vender o que restava, mas logo atenderam a um dos muitos negociantes que por lá passavam, depois da guerra, e descobriram uma mina, catando antigüidades.

Essas vendas de estrada, como a de *seu* Manoel, eram todas iguais, muito toscas. Ali os raros passantes podiam encontrar qualquer coisa simples para comer, uma cachacinha e milho para os animais. Eram diferentes das mais antigas, da fazenda do Iguaçu, que tinham comércio até com os quilombolas. *Seu* Manoel prosperava lenta mas seguramente. De pais assim vinham filhos bem apessoados, netos que escondiam a origem. É comum ouvir dizer: "minha família é de origem de grandes negociantes do interior". Estejam certos: o primeiro foi o dono de uma venda como a de *seu* Manoel, antes simples rancho para abrigo de animais, pouso de viajantes e até de cientistas que andavam por lá.

De pouco falar, *seu* Manoel andava de camiseta sem mangas, calças listadas de preto e cinza, sempre de tamancos. Vendia arroz, feijão, milho e fubá, pendurava nas portas bacalhaus magros, daqueles que deram origem à expressão "magro como bacalhau de porta de venda", aplicada a alguém vindo do Rio para recuperar os pulmões fracos com os bons ares da roça.

Não havia lugar para os fregueses sentarem-se. Conversavam de pé, o vendeiro entre o balcão e as mercadorias, algumas trazidas pelo mascate, o "turco", nome muito ofensivo. Este visitava as fazendas, mesmo sabendo que nada lhe comprariam, como no Abaíba. Abria as canastras tiradas do lombo dos burros e mostrava as quinquilharias. Era outro candidato, como os filhos dos vendeiros, a ter herdeiros bem situados, pelo futuro dos quais andara léguas a pé, ao sol e à chuva, ao lado do burro, toque, toque.

---

6. A pedido do organizador deste livro, Roberto Menezes de Moraes escreveu a seguinte nota informativa sobre o interessante personagem:
"Joaquim Vieira Xavier de Castro, o Quinquim do Guaxe, foi um dos mais populares e estimados integrantes das famílias Werneck e Avelar. Nascido no Rio de Janeiro em 1º de abril de 1847, era filho do rico comerciante carioca João Vieira Xavier de Castro e de sua mulher Maria Joaquina Rodrigues Manso, proprietários também da fazenda do Guaxe. Por sua mãe descendia do patriarca João Werneck, do ramo proveniente da antiga sesmaria da Divisa, que pertenceu a seus ascendentes e a seus tios-avós, os famosos padres Manso, religiosos irmãos e ricos fazendeiros na região de Pati do Alferes. Por ter fama de perdulário, Quinquim do Guaxe — como era conhecido na família e na região —, recebeu como bem dotal, de sua mãe e de uma tia solteirona, a fazenda dos Taboões, também originária do fracionamento da sesmaria da divisa. Essas senhoras eram apaixonadas pelo filho e sobrinho único, a quem fizeram seu único herdeiro, legando-lhe um patrimônio expressivo de terras, jóias, objetos de arte, imagens, pratas e móveis que guarneciam a fazenda do Guaxe. Acontece que, estróina e apaixonado pelas corridas de cavalo, Quinquim não hesitou em importar da Inglaterra um animal puro sangue, caríssimo, com tratador e treinador. Contrariando as ordens do tratador, que mantinha o animal debaixo de um cobertor, ele resolveu, na véspera de uma importante corrida, mostrar o animal para uma senhorita a quem queria impressionar. Irritado, o tratador despediu-se, e o cavalo, que só entendia os comandos no idioma inglês, ficou sem ter quem o tratasse conforme o hábito, e acabou, tempos depois, morrendo de tristeza. Viúvo ainda moço, em 1879, Quinquim do Guaxe era figura querida e presente em todas as ocasiões nas fazendas da região patiense, um verdadeiro pão-de-ló de festas. Acompanhando as corridas de cavalos até o fim da vida, faleceu paupérrimo em 1936, no Rio de Janeiro, em casa de sua filha, a professora Chiquinha Werneck, no bairro de Jacarepaguá. Era ela quem lhe dava um dinheirinho para as passagens e para as pules das corridas do Derby Club. Em seus últimos momentos, uma visita perguntou, ao lado de seu leito de morte, qual a origem do apelido Guaxe. Um familiar presente respondeu que eram uns pássaros pretos, ao que ele, saindo do transe de morte, acrescentou prontamente: "pretos e amarelos". Sepultado no cemitério de Jacarepaguá, tempos depois, teve atendido um seu desejo: seu ossos foram levados pór um caridoso neto para o cemitério de Cavaru, perto de Pati de Alferes, onde ficaram depositados na sepultura de Bitinha, sua querida mulher."

Emoções de Infância

Passávamos longas temporadas no Abaíba. Eu fazia as mudanças de mamãe, quando acompanhávamos papai, sinal de que tínhamos casa. A louça ia numa barrica e num caixote de vinho Ramos Pinto. De uma dessas ausências, no final do ano de 1915, Moacir, com uns oito meses, voltou meio tristinho e sem poder manter a cabeça levantada. Chamou-se meu padrinho médico, ele examinou o menino, muito sério, e disse que era má nutrição. Além da alimentação, mandou aviar um remédio. Era uma batalha. Ia o camarada levando a receita, aonde houvesse farmácia, sempre longe. Aviada a receita, vinha de volta e o médico estava à espera. Se de casa dele chegasse notícia de outro chamado, ia dali à casa do novo paciente. Com isso, vivia a cavalo, daqui para ali.

A doença de Moacir deu um susto. Foi um escrever para todo lado e tia Zizinha mandou de Paraíba uma imensidade de latinhas de um produto que o padrinho aconselhara, coisa nova — Farinha Láctea Nestlé, que eles tinham recebido na empresa que tio Joaquim comprara, as Águas Minerais Salutaris. Felizmente, o menino logo se recuperou. Soubemos mais tarde que houvera uma greve na Salutaris e que tio Joaquim a vendeu.

Abaíba era um meio termo entre as fazendas mais modestas e as pomposas, meio palacianas, como Monte Alegre, Secretário, São Fernando, Paraíso e outras. Tinha quadros, *bibelots*, era forrada de papel. Lembro bem de Secretário, que pertencia aos Correia e Castro, onde havia espelhos muito bonitos, os chamados "venezianos". Os Avelar quiseram adquiri-los, mas os novos donos, uns belgas, não cederam. Mamãe foi lá uma vez para tentar comprá-los. Acho graça de lembrá-la, modesta, negociando peças de valor.

O porão embaixo da despensa do Abaíba era vazio. Mas um dia, teve um morador, porque papai ganhou, não sei de quem, um dálmata lindo, ao qual deu o nome de Makarof, em honra a um general russo, admirado na Europa por se haver destacado na guerra russo-japonesa, quando o mundo ocidental todo era favorável aos russos.

Havia no Rio um médico de nome Nuno de Andrade, que escrevia com o pseudônimo de Felício Terra. Lembro da cor azul da capa e do formato do livro dele. O último conto narrava a história do general Makarof, condenado à morte em conselho de guerra. Do meio da assistência, ouvida a sentença, sai uma mulher do povo e brada:

— Como ousam condenar à morte um homem que conduziu à vitória milhares de soldados russos?

E, rasgando-lhe o dólman, expõe as cicatrizes dos golpes que recebera de frente de batalha. O público, entusiasmado, exigiu e conseguiu a absolvição do general.

O nosso Makarof era lindo, marchetado de bege-claro. As manchas chegavam a formar figuras. Manso, parecia compreender o temperamento de cada um de nós. Adoravam-se papai e ele, não se deixavam. Um dia, amanheceu triste, soltando gemidos baixos, que se tornaram uivos. Verificou-se um tumor no ouvido, que na época não tinha tratamento. Com o correr dos dias papai chegou à conclusão de que era necessário sacrificá-lo. Tristes, compenetrados, reunimo-nos nos fundos da fazenda perto do porão. Seu Inácio armou-se de coragem e atirou. Papai, acabrunhado, subiu a escada de pedra e, lá de cima, com uma voz estranha, disse:

Ninguém mais nesta família vai ter bichos.

Grande acontecimento foi, justamente, um bicho: o jacaré. Raramente se viam bichos do mato na fazenda: um tatu, uma cobra, um gambá. Naquele dia foi um sucesso. Acabávamos de tomar café quando se ouviram os roncos dos porcos, desatinados.

Vicência veio nos chamar para vermos o que estava acontecendo. Os porcos estavam uns por cima dos outros, amontoados no canto mais distante do chiqueiro, todos guinchando, e lá longe, perto da entrada, escarrapachado, um jacaré. Alguém foi buscar uma espingarda e deu-lhe um tiro, que não o matou. Ficou imóvel, cavando o chão. Com outro tiro, morreu.

Foi uma emoção! Todos em volta, espiando de cima da escada de pedra, até vovó. Eu passei mal e vomitei o café, de susto e medo. Na casa de seu Inácio houve almoço de jacaré para todos os camaradas. Acharam a carne ótima. Só não se soube de onde o bicho veio. Devia ser um filhote, tinha um metro e meio de comprido.

Houve outro acontecimento extraordinário, mas essa emoção dizia respeito só à minha intimidade, e nunca o contei a ninguém. Um dia, como sempre que chegava de viagem, papai sentou-se na sala com mamãe. E eu logo fui para junto dele. Como de costume, ele contou o que se passara quando ausente, e ela o que havia acontecido ali — tão pouco! Depois foram para o quarto, eu saí andando pela casa e parei no quarto do *pupitre* para estudar. Comecei então a ouvir umas vozes abafadas no quarto deles, um chorinho baixo, e não agüentei. Levantei e fui espiar pelo buraco da fechadura colonial, sem chave. Fiquei muito espantada. Estavam os dois sentados no lado da cabeceira da cama, cuja guarda dos pés, alta, na penumbra do quarto, só deixava ver as cabeças de ambos. Beijavam-se muito, choravam, falavam coisas um para o outro. De repente sumiram, deixando-se cair na cama.

O que era aquilo? Eles não costumavam se beijar à vista dos outros; por que sozinhos eram assim? Eu precisava falar com alguém para contar o meu espanto — mas com quem? Vovó? Nunca. Elsa? Só elas estavam em casa. Com Elsa ia levar uma corrida: "Intrometida! sem educação! espiando pelo buraco da fechadura!". Fiquei muito tempo sentada no sofá da sala de jantar, espantada, quieta. Depois fui brincar no meu quarto. Esqueci. Só anos depois, quando a vida me ensinou, é que entendi o sofrimento daquele casal que se amava.

Minha paixão de leitura, por volta dos nove anos, era um livrinho de capa vermelha com a triste história de Geneviève de Brabant. Eu chorava cada vez que lia, mas tornava a ler. Um vilão intrigara-a com o marido, fazendo crer a este que o filho de ambos não era dele. Ele, então, soltou-os na floresta, onde rondavam lobos ferozes. Afinal, o marido soube da verdade, e ela voltou com o menino. Há pouco tempo, lendo a biografia de Proust por George Painter, descobri que o romancista também sentia pena da pobre Geneviève, e fiquei muito orgulhosa.

No Abaíba, jornal só aparecia quando alguém levava do Rio, e era também um acontecimento. Em 1913, eu já lia (mais ou menos) e procurava, um dia, deitada no chão, decifrar uma matéria do *Imparcial*.

Foi preciso mamãe me explicar. O caso é que morrera um importante rei africano, o imperador da Etiópia, Menelik, e o jornal dizia que o mundo inteiro tinha zombado dele quando, alguns anos antes, havia pedido em casamento a rainha da Inglaterra, que era viúva. Vinham os retratos da poderosa rainha Vitória, gorda, sentada no trono, e do imperador, todo enfeitado. Assim tomei conhecimento do meu primeiro mexerico internacional.

Papel importante na vida do Abaíba exercia a criada Vicência. Era feia, branco-amarelada, a pele encarquilhada, os olhos pequenos, pareciam pretos, nariz aquilino; a boca era um risco, os dentes escuros do fumo de rolo do cachimbo sempre na boca, o forno de barro, o cabo de bambu. Ela guardava o fumo debaixo do colchão e, para horror meu, Joaquim às vezes roubava um pedaço dele. O cabelo desgrenhado era liso, castanho, solto até os ombros; as mãos grossas do trabalho; os pés inchados, vermelhos, as unhas sujas; fazia todo o serviço: lavava e passava a roupa, varria a casa, cozinhava. A comida era sempre a mesma, insossa: arroz, feijão, angu, frango branco, sem tempero. Não variava, mas, convenhamos, a culpa não era dela. Ninguém reclamava. Pobres genros!

Não havia pulgas nem outros insetos na casa, porque Vicência punha de vez em quando grandes galhos de erva-de-santa-maria debaixo das camas. De tarde levava as bacias com água quente aos quartos, para os banhos. O "camarada" Manoel carregava água, em latas de querosene.

Era um mulato risonho, de seus dezessete anos. Outro serviço seu era rachar lenha e ajudar o carreiro Jesuíno. Vicência lhe dedicava uma paixão a que ele não correspondia, mas que lhe valia algumas vantagens na cozinha. Ela cantava, dedicadas a ele, músicas que não sei como lhe chegavam; nem as letras, uma das quais dizia:

Neste mundo não pretendo mais amar
Só a ti, só a ti, foi que amei!

As latas de querosene, com um pau atravessado para carregar, quando vazias ficavam embaixo da pia da cozinha, com a torneira seca. Em cima dispunham-se as gamelas para lavar louça e panelas, esfregadas com cinza e casca de milho. Era preciso economizar água.

Depois de os "grandes" comerem, limpava-se a cozinha, fechava-se o fogão e ficava no forno um angu de fubá grosso, para quem quisesse. Atrás do fogão a despensa permanecia fechada, apesar do pouco que tinha. Jogados pelo chão, os alqueires, com os quais Vicência media os grãos que trocava com os colonos, na porta da cozinha.

Era até ali que vovó Carola chegava para falar com seu Inácio, quando ele a chamava para tratar dos negócios da fazenda. A não ser nessas ocasiões, vovó nunca era vista fora de casa. Só a vi aparecer uma vez, num Dia de Reis em que os colonos vieram com estandarte da folia, cantando para ela. Nunca a vi no portão do jardim. Só saía raramente, quando ia visitar uma das filhas.

Lembro-me de outros empregados que vinham do tempo da escravidão, embora já tivessem nascido libertos. Anos depois, na Forquilha, onde Elsa, minha irmã, foi morar com o marido João de Lacerda Paiva, administrador dessa fazenda da família, conheci a figura mais estranha, a começar pelo nome: *siá* Maria Apressadinha. Cuidava de lavar e passar, andava toda de branco, sempre fumando cachimbo, e mantinha na janela do quarto dois ferros de carvão permanentemente acesos. *Seu* Manoel Barão (nome bem adequado à figura) divertia a meninada bancando que sabia latim e, por exemplo, não hesitava em traduzir *dura lex sed lex*: "o bom leite da vaca é tirado". Quem tirava o bom leite, como tarefa, era o madrugador Zé Meia-

Noite. *Seu* Renato, também fumador de cachimbo, não tinha função certa. Firmina era a encarregada dos banhos de bacia e Mariana, da cozinha da casa-grande. Havia um branco, alemão, que cuidava do jardim e da horta, usando uns tamancos que ele mesmo fazia.

Quando Sinhá Pequena morou uns tempos na localidade de Comércio, perto de Vassouras, depois chamada Sebastião Lacerda, fomos lá com ela. A caminho, conhecemos Olga Caminhoá Werneck; tinha quinze anos e era noiva de Maurício de Lacerda, que estava na chácara do pai. A casa da chácara ficava no meio de mangueiras, cujas frutas eram vendidas em cestinhas, quando os trens paravam na estação. Em Barão de Vassouras fabricava-se um famoso requeijão, que custava dois mil-réis a caixinha. A casa de Sinhá Pequena era no largo pegado à chácara, com uma porteira grande. Uma vez apareceu um circo em Comércio, mas eu não fui, com medo do palhaço.

Maurício era candidato a deputado, fazia propaganda na estação, quando os trens passavam, tinha boa memória e guardava o nome das pessoas. O mundo naquele tempo era muito pequeno. As mangas rendiam bastante, eram muito boas. Ele andava em casa de pijama riscado. Era tudo simples.

Durante o ano de 1887, a viscondessa de Arcozelo manteve um diário no qual assinalava com precisão os acontecimentos em suas três fazendas, como o registro de escravos.

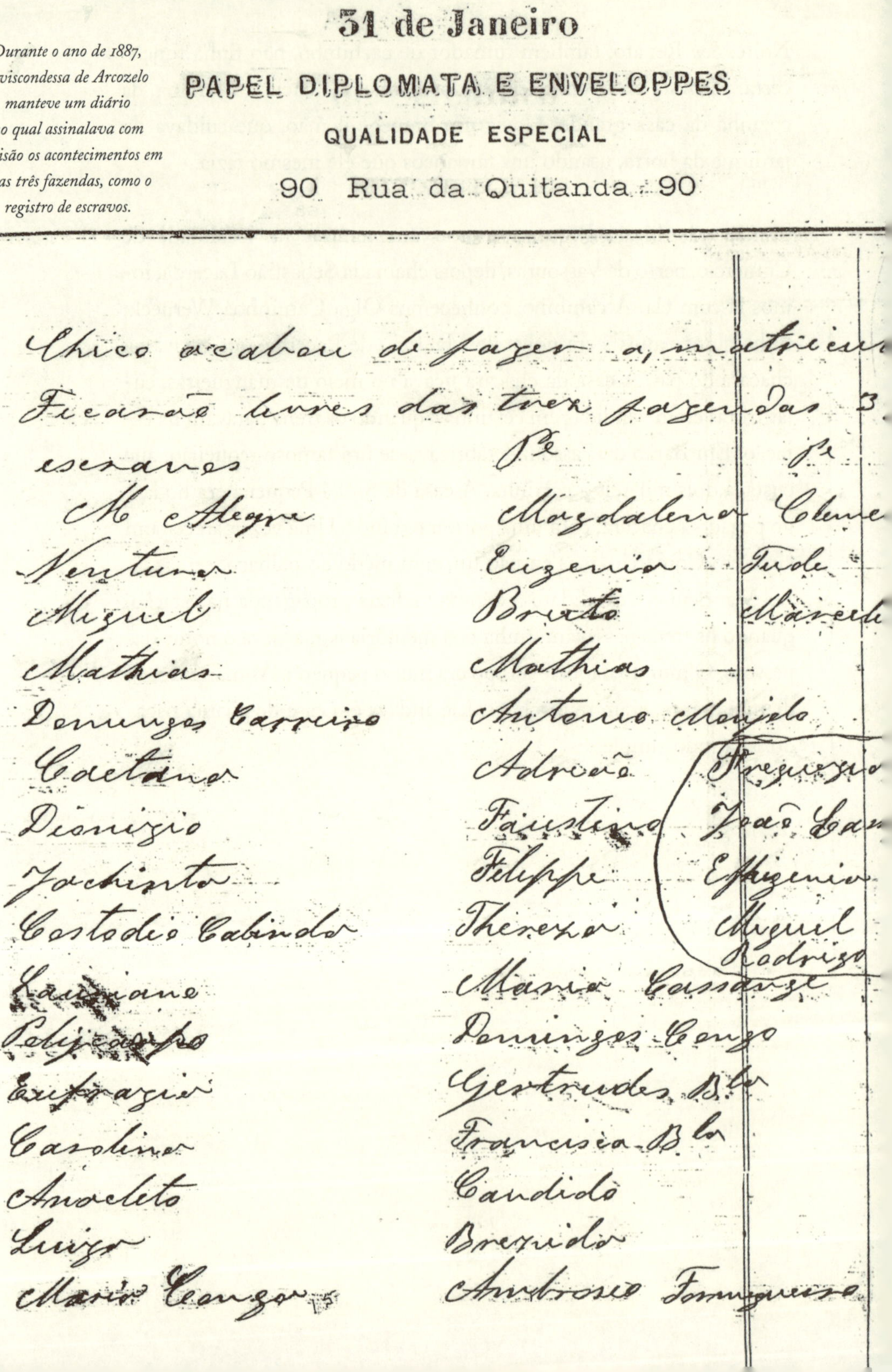

31 de Janeiro

PAPEL DIPLOMATA E ENVELOPPES

QUALIDADE ESPECIAL

90 Rua da Quitanda 90

Chico acabou de fazer a matricula

Ficarão livres das trez fazendas 3[illegible]

escravos

	Pe	Pe
M Alegre	Magdalena	Clemen[illegible]
Ventura	Eugenia	Tude
Miguel	Brito	Marcel[illegible]
Mathias	Mathias	
Domingos Carreiro	Antonio Monjolo	
Caetana	Adrião	Freguezia
Dionizio	Faustina	João Lan[illegible]
Jacintho	Felippe	Effigenia
Custodio Cabinda	Thereza	Miguel Rodrigo
Lauriano	Maria Cassange	
Polycarpo	Domingos Congo	
Eufrazia	Gertrudes Bla	
Carolina	Francisca Bla	
Anacleto	Candido	
Luiza	Brazida	
Maria Congo	Ambrosio Ferrugeiro	

A Viscondessa Pobre

Era muito pouco o tempo que ficávamos em cada lugar, quando saíamos do Abaíba para passar um tempo com papai. Não dá para entender aquela vida itinerante dele, numa sucessão de empregos precários. A Monte Alegre, quando era da família dos Werneck, raramente íamos, por isso não tínhamos intimidade com nossa avó paterna Maria Isabel. Essa minha avó era muito ativa. Tomava conta da casa, mesmo doente, enquanto andou. Tinham ficado com ela, espontaneamente, o copeiro Alberto, que era mudo e só falava para chamar a cozinheira Vitória: a ama de tio Mário, Januária; e o pajem Joaquim, mulato bonito, que havia sido copeiro em Monte Alegre

Todos sentávamos à mesa de refeições. Ela servia as crianças e quando um queria o que estava no prato do outro, ela dizia:

— Espera, quando acabar. É preciso saber o que se quer.

Quando morreu, morava na casinha do Roseiral de que já falei. O enterro foi de pobre. Nunca esqueci a cena, eu de luto, em pé na varanda da sala de jantar, vendo passar o caixãozinho carregado pelos ex-escravos, maltrapilhos, descalços, de chapéu na mão, um a um. É a última recordação que tenho da vovó viscondessa, a senhora de Arcozelo, herdeira do riquíssimo barão de Pati do Alferes, seu pai. Liginha se lembra de ter visto o caixão, já no caminho do cemitério de Pati, transportado num carro de bois.

Anos depois, vi o caixão. Era roxinho, enfeitado de galões dourados.

Uma senhora que tomava conta do cemitério disse que a família dela é que tinha pago o enterro; que os filhos da falecida já estavam tão pobres que não tinham dinheiro. Não creio.

Morta a viscondessa, havia coisas a distribuir. Como papai herdara a Piedade, nós não recebemos mais nada. Outros levaram pratas, talheres de vermeil, objetos, selos.

As primas mais velhas nos mostraram bacias com coisas para escolhermos lembranças de vovó. Eu escolhi um boneco preto de uns três centímetros e uma ânfora de metal de uns cinco centímetros. Tenho até hoje. Minha prima Liginha, um botão amarelo. Coisas de pobre.

Papai sempre disse que queria ser enterrado onde morresse. Assim, ele e meu irmão Joaquim foram sepultados em Blumenau. Anos depois, mamãe resolveu que os dois tinham que ser trasladados para o Pati. Queria ir buscá-los, mas já estava doente, não podia ir sozinha. Tive de acompanhá-la, eu, que era considerada a "forte". Lá fui. Levei uma colega, como se fosse de férias; ela morreria de medo, se soubesse.

Os frades franciscanos de Blumenau foram corretíssimos. Puseram os ossos numa mala, sem um documento. No Rio, a mala ficou na varanda do meu apartamento. Muito a contra-gosto, Moacir foi de trem a Pati comigo, sem falar. No cemitério, abriram o túmulo. Naquele enorme buraco vimos um mundo de ossos esparsos e, no canto esquerdo, um pequeno caixão. Com o deslocamento do ar, ele se desfez e apareceu um esqueleto. Os cabelos grisalhos, os ossos, as botas perfeitas. Em torno, esparramados, os esqueletos do visconde de Arcozelo e dos barões de Pati. Havia uma prateleira, onde arrumei os crânios, sem saber quem era quem. Lembrei de uma gravura alemã que tenho há muito: "*Wer war Deb, wer Weiser, wer Betler, oder Kaiser?*" Quem era o bobo da corte, o sábio, o mendigo ou o imperador?

Fechou-se o túmulo e voltamos. Moacir sempre calado, impassível. Só muito mais tarde, em carta, é que me confessou quanto aquilo o fizera sofrer.[7]

Em minhas recordações de infância ganha relevo o Abaíba. Lembro os passeios depois do jantar, ao pôr-do-sol, no terreiro junto à casa. Vejo-me trepada no muro de pedra para poder alcançar as mãos de mamãe, aquela mulher esbelta, pensativa, cantarolando às vezes para alegrar a filha. Jamais uma lágrima, jamais uma queixa, enquanto esperava o marido, aquele homem tão sério, com uma vaga expressão de tristeza no rosto bonito.

---

7. Na verdade, eu não concordava com aquela exumação, por saber que meu pai desejara ser enterrado em Blumenau, e lá ficar. Ele não devia ter o mesmo apego sentimental de mamãe à terra natal de Vassouras, onde passara por tantos dissabores. A cerimônia no cemitério de Pati do Alferes de fato me chocou. Foi um horror aquela cena culminante que Maria descreve, a confusão de ossos, o esqueleto de botas e tudo o mais. A gravura alemã a que minha irmã se refere — uma fieira de crânios todos parecidos — sumiu misteriosamente. Maria a mandara emoldurar e mantinha pendurada numa parede de seu apartamento. Não é de estranhar que eu ficasse calado, na expectativa e mais ainda durante o macabro ritual no túmulo devassado dos barões. *(N. do org.)*

·II·

Apogeu e Decadência dos Barões do Café

Em meados do século XIX, a cidade de Vassouras tornou-se a capital dos barões fazendeiros de café. (Gravura de Victor Frond para o livro de Charles Ribeyrolles Brésil pittoresque, de 1859).

Até aqui anotei minhas lembranças de menina na fazenda empobrecida de minha avó materna. Achei que devia prosseguir valendo-me não principalmente da memória, já bastante falha, mas também ordenando, tanto quanto possível, nestes meus noventa anos passados, o que pude recolher como contribuição à crônica de meus ascendentes. Ficara, em estado bruto, um belo caos: livros e folhetos roídos pelas traças ou faltando páginas, recortes de jornais da época, cartas em papel amarelecido, mementos e velhos cartões postais, escrituras, um montão de notas e documentos que vim acumulando ao longo dos anos.

De um constante entrecruzar de famílias poderosas, depois decadentes, eu quis deixar um registro, a par dos já existentes, para que algo se aproveitasse do meu desarrumado acervo. Na fase do maior esplendor, antepassados meus ostentavam títulos de barão e visconde, possuíam enormes fazendas e legiões de escravos.

Um dia a festa acabou. Não foi só a Abolição: já antes, na então província do Rio de Janeiro, o ciclo do café estava condenado, pelo esgotamento das lavouras que haviam ocupado o espaço de florestas seculares destruídas. Nós, os descendentes daqueles desbravadores, pagamos o preço do atentado cometido contra a natureza, à custa da exploração do braço escravo. É a história vivida por parte da minha família, Werneck e Avelar, com suas alianças e ramificações, que tentarei contar.

O ascendente que mais me fascinava, já confessei, era o aventureiro açoriano Manoel de Azevedo Matos, que viajou para o Brasil no começo do século XVIII. Cismei que o avô de José Saramago, vindo do norte da África, não era muito diferente do meu antepassado chegado dos Açores. Comparação descabida, porque ao descrever o avô numa crônica de *A bagagem do viajante*, Saramago não só o evoca como alguém que "matou um homem em circunstâncias duvidosas, a frio", como critica a "vaidade neuronial que leva tanta gente a pesquisar o passado e os que passaram". Mas valeu o meu desplante de comunicar essa idéia ao romancista de minha admiração, escrevendo-lhe para Lanzarote, pois recebi de volta um livro com a dedicatória: "A Maria Werneck de Castro, beijando-lhe as mãos" — motivada por saber ele que aquela senhora de idade avançada tinha lido quase toda a sua obra.

Fui adiante no meu projeto. De fato, antes de Manoel de Azevedo Matos, outros marcaram presença no Brasil; depois dele, outros desbravaram florestas e se tornaram barões assinalados. Para começar, o sogro de Manoel, um alemão vindo de Portugal. Chamava-se Johann Werneck, e aqui, já lavrador e minerador, passou a assinar-se João Barneque. Um ramo da família, de origem germânica, se mudara para a Holanda e de lá para Portugal. Mas disso falarei mais adiante. Por ora, retorno à minha narrativa com o açoriano.

Nascido em Nossa Senhora da Piedade, na ilha do Pico, arquipélago dos Açores, Manoel de Azevedo Matos partiu para o Brasil ainda muito jovem, no começo do século XVIII. Desembarcou no Rio de

Janeiro e foi tentar fortuna embrenhando-se no Recôncavo da baía da Guanabara. Dedicou-se à mineração, que prometia ganho fácil com a recém-descoberta abundância de ouro e diamantes nas Minas Gerais. Sem o sucesso esperado, regressou ao Rio, onde se casou em 1733, na igreja da Candelária, com Antônia Ribeira, filha de João Barneque e Isabel de Sousa, cujo sobrenome ficou sendo Sousa Werneck. Daí em diante multiplicaram-se os Werneck.

Manoel de Azevedo Matos juntou-se ao sogro, já dono de uma sesmaria na serra fluminense e concentrado nos trabalhos da lavoura, valendo-se do braço escravo.[8] Foi Manoel quem construiu em 1771, à margem direita do rio Santana, a "primeira moradia", com telhado de quatro águas, da fazenda de Nossa Senhora da Piedade, na Freguesia de Nossa Senhora da Conceição de Pati do Alferes, depois município de Vassouras, que seria propriedade da família por exatos 136 anos, tendo meu pai como último dono. A Piedade, como veio a chamar-se simplificadamente, tornou-se uma das mais importantes fazendas da província do Rio de Janeiro. Foi tema de um extenso e completo estudo do historiador Francisco de Paula e Azevedo Pondé, publicado na *Revista* do Instituto Histórico e Geográfico Brasileiro (nº 327, abril-junho de 1980). Manoel prosperou rápido ao abandonar a mineração e transferir-se para o interior do Recôncavo fluminense, junto com o sogro. Faleceu em 1788, pouco antes de completar 90 anos.

---

8. Sesmarias eram lotes de terra inculta ou abandonada que os reis de Portugal concediam a pessoas supostamente credenciadas para cultivá-los. A légua frontal da sesmaria tinha 3.000 braças ou 6.600 metros. Os primeiros beneficiários, na região de Vassouras e Valença, costumavam alegar méritos como a abertura de estradas ou a existência de condições para montar um empreendimento agrário, nas quais se incluía naturalmente um certo número de escravos. Alguns membros das famílias Werneck e Avelar foram contemplados com sesmarias, que constituiriam a base de suas fortunas. *(N. do org.)*

Origens e Cruzamentos

Inácio de Sousa Werneck, o segundo dos três filhos de Manoel de Azevedo Matos, teve papel relevante na vida da província. Ficou conhecido como o patriarca da família. Nascido em 1742, quis seguir a vocação eclesiástica, mas desistiu por uma razão simples: apaixonou-se por Francisca das Chagas Monteiro, largou o seminário e com ela contraiu núpcias, em cerimônia realizada na igreja de Nossa Senhora do Rosário e de São Benedito dos Homens Pretos, à rua da Vala, hoje Uruguaiana. Era fazendeiro e seguiu a carreira militar, chegando ao alto posto de sargento-mor. Nessa condição, foi convocado por Ordem Régia para "uma obra civilizadora", consistente em "domesticar e aldear" os índios Coroados da região de Valença. Em reconhecimento pela eficiência com que se desincumbiu dessa missão altamente perigosa — pois aqueles selvagens se recusavam a aceitar os benefícios da civilização dos brancos que lhes eram oferecidos — foi contemplado com outra sesmaria em 1808, além da que já tinha. Construiu estradas, entre as quais a que se chamou estrada Werneck, ligando

Iguaçu ao Norte da capitania, até a linha divisória como Minas Gerais, marcada pelo rio Preto.

O trabalho desse antepassado, às voltas com a "indiada brava", me lembra o livro *Diálogo da conversão do gentio*, do professor Mecenas Dourado, que foi casado com uma grande amiga minha e colega de estudo, Clotilde César. Ele mostra que a propagação da fé cristã exigia às vezes métodos nada ortodoxos, de acordo com a bula do papa Clemente VII, de 1529, segundo a qual o conhecimento de Deus devia ser levado aos índios "não só por meio de editos e admonições, como também pela força das armas, se necessário".

A história da fundação de Valença, em que avulta o nome de Inácio de Sousa Werneck, ao lado de José Rodrigues da Cruz, sócio da fazenda do Pau Grande, e do padre Manoel Gomes Leal, está contada num livro de Leoni Iorio, *Valença de ontem e de hoje* (1953), que no geral elogia o tratamento dado aos índios por esses três homens, notadamente durante uma epidemia de varíola. Inácio atestou a pacificação dos Coroados e pediu para eles a concessão de uma sesmaria, pois sofriam sérios vexames da parte de intrusos. A situação, entretanto, não se resolveu e os indígenas remanescentes acabaram expulsos de suas terras.

Já com sete filhos, Inácio foi morar na fazenda paterna da Piedade. Após o falecimento da esposa, ele, em 1813 aos 71 anos retornou à sua vocação religiosa e tomou ordens. Tinha doze filhos, que fizeram proliferar sua descendência, ramificada nas famílias Sousa Werneck, Rocha Werneck, Chagas Werneck, Furquim Werneck e Lacerda Werneck. Para quem não soubesse das circunstâncias da ordenação do velho Inácio , depois de viúvo, causaria surpresa tomar conhecimento da numerosa descendência daquele padre patriarca.

Uma das filhas de Inácio de Sousa Werneck, Ana Matilde, casou-se com o português, também açoriano, Francisco Peixoto de Lacerda. O casal continuou a explorar as terras da família, cada vez mais extensas.

Um parêntese para tratarmos do ramo alemão dos Werneck, que ficou meio esquecido nas pesquisas sobre as origens da família. Mais lembrado como fundador é mesmo o açoriano dos meus encantos, Manoel de Azevedo Matos. Trata-se de uma injustiça para com o alemão Johann Werneck. Andei pesquisando essas origens genealógicas com ajuda de amigos, sem os quais não teria acesso a fontes como o *Etymologisches Worterbuch der Deutschen Familien*, de 1847; uma crônica do escritor teuto-brasileiro Karl Oberacker Jr., publicada no *Anuário* do Instituto Hans Staden, de 1982; e o artigo "Famílias brasileiras de origem germânica", na *Revista Genealógica Brasileira*.

Sobre a etimologia do nome não me restaram dúvidas: a origem do Werneck alemão se situa perto de Würzburg, na antiga Baixa Francônia, hoje *Land* da Baviera. Vem de Wern, nome de um riozinho local, e *Ecke*, que quer dizer canto, esquina. ("Canto do rio", pois.) Werneck foi o nome de uma aldeia no caminho entre Würzburg e Schweinfurt. Ali se ergueu no século XVIII o magnífico castelo (*Schloss*) Werneck, projeto do arquiteto Balthasar Neumann, que construiu em Würzburg a famosa Residência do príncipe-bispo, onde Tiepolo pintou magníficos afrescos.

Mas, para desconcerto dos genealogistas, outras fontes sustentam que a família não surgiu na curva do rio Wern. Um certo Wernecken é citado como tendo residido em Barth, na Pomerânia, já no ano de 1398; e um Heinrich Wernecker aparece como livreiro em Rottemburg, em 1590.

Seja como for, parece certo que o ramo brasileiro tem origem em Hans Warneck, burguês residente em Crivitz, Mecklenburg, que se mudou para Hanover, onde foi conselheiro do duque de Braunschweig, no fim do século XVII. De Hanover, um seu descendente, Kaspar Warneck, foi para a Holanda, e de lá para Portugal, onde em 1639 desposou Mariana de Magalhães. Esse já passou a se assinar Warneque, aportuguesado, conforme consta do seu registro de casamento.

Um dos descendentes de Hans Warneck foi João Barneque — o filho de Kaspar e Mariana —, que viajou de Portugal para o Rio de Janeiro, e por ocasião do desembarque dos franceses, em 1711, mudou-se para Pilar do Iguaçu, no Recôncavo fluminense. Ele figura como testemunha de um ato religioso como Johann Barneck. O sobrenome Werneck teve esta extraordinária coleção de variantes encontradas em Portugal e no Brasil e citadas pela *Revista Genealógica Brasileira*: Warneque, Barneck, Braneck, Barneq, Varneque, Barneque, Barnech, Werneques, Verneque, Berneck e Vernek.(Esta última foi usada por Inácio de Sousa Werneck e seus filhos, só sendo substituída a partir dos netos.)

Mas o que sobretudo interessa assinalar é que esse João Werneck, ou Barneque, que foi agricultor e minerador, casou-se com Isabel de Sousa, filha natural, reconhecida como legítima, do português Francisco Gomes Ribeiro, que foi o fundador do tronco Ribeiro de Avelar. Desse casamento nasceu Antônia Ribeira, que, como já foi dito, veio a ser a mulher de Manoel de Azevedo Matos, o açoriano, pai do patriarca Inácio de Sousa Werneck. Fecha-se assim, o circuito. Pode parecer confuso, mas foi desse modo que começou o entrelaçamento dos Werneck e Avelar.

As famílias Werneck e Avelar se cruzaram com freqüência, encasteladas em fazendas da mesma região, quase todas no município de Vassouras. Meu pai, assim como minha mãe, era Avelar: primos, como de hábito. Umas das poucas vezes que vi uma rusga, aliás passageira, entre os dois, foi por causa desse parentesco. Numa das passagens de papai pelo Abaíba, a propósito de um fato qualquer que já esqueci, ele se saiu inesperadamente com a afirmação de que os Avelar eram uns "tarados", talvez sem se dar conta de que a pecha também o atingia. Mamãe, Avelar legítima, se levantou rápida, a saia comprida repuxando a leve cadeira austríaca, e foi para o quarto. A menina, que folheava um jornal ou revista, sentada no chão, levantou a cabeça, espantada. Papai foi atrás pouco depois, e quando voltaram já eram os mesmos de sempre. Eu nunca vira uma cena assim entre eles. É preciso explicar que, naquele tempo, tara significava o que hoje se chama de neurose. Seja como for, o fato é que nem todos os Avelar, como tampouco os Werneck, eram santas criaturas.

Os Avelar tiveram o seu fastígio representado pelo latifúndio do Pau Grande, cuja sede era das mais belas dentre os primores arquitetônicos que ainda se vêem no estado do Rio de Janeiro.

Fui várias vezes à fazenda depois que voltamos do Sul, principalmente quando mamãe lá estava de visita à irmã, tia Zizinha, de solteira Mariana de Avelar Albuquerque. A velha senhora, como sua mãe, vovó Carola, andava sempre de preto, falava baixo e, àquela altura, vivia modestamente. O marido, tio Joaquim Ribeiro de Avelar, no fim da vida estivera se desfazendo aos poucos das terras do Pau Grande.

Quando tomou conta da fazenda, tia Zizinha contou-me, com orgulho, que tinha mandado quebrar e enterrar cento e oito tampas de urinóis de louça inglesa, que sobraram dos respectivos vasos, quebrados ao longo de muitos anos. Ah, como lastimei! Ela não fazia a mínima idéia do interesse atual daquelas peças a que dava sumiço.

A sede do Pau Grande, pela sua imponência, chamara a atenção de um viajante famoso, o naturalista francês Auguste de Saint-Hilaire, que a descrevia como um "edifício imenso, rodeado de vastas usinas" (antes do café, lá se produzia açúcar), lembrando "menos o aspecto de nossos mosteiros do que um castelo". Três escadarias davam acesso ao edifício principal, com um andar além do rés-do-chão e dezesseis janelas de frente ornadas de balcões de ferro, de fabrico europeu, tendo no meio uma capela a separar as duas alas. As mulheres, observa Saint-Hilaire, em geral não apareciam: dormia-se em alcovas escuras e fechadas por portas; as usinas e as senzalas se alinhavam em torno da habitação do senhor.

A história da família e da fazenda foi contada pelo historiador Roberto Menezes de Moraes, em *Os Ribeiro de Avelar da fazenda de Pau Grande*. A ele devo a maior parte de minhas informações sobre as gerações passadas dos Avelar, e mais, um precioso mapa genealógico da família Werneck, documentando o seu entrelaçamento com os Avelar. No livro, não se mostra muito complacente com estes, e a princípio até me surpreendeu pelas histórias que conta, mas eram coisas que na época corriam à boca pequena e que ele não tinha por que esconder.

O ramo brasileiro começou com Francisco Gomes Ribeiro, vindo de Estremadura, Portugal, na segunda metade do século XVII e que se tornou próspero negociante no Rio de Janeiro, ligando-se a Salvador de Sá, governador da capitania. Sua filha Isabel de Sousa, como já vimos, inaugurou a ligação entre as duas famílias. Francisco ganhou uma sesmaria, Manga Larga, ao lado de Pau Grande.

Dentre os seus sobrinhos, houve um, Antônio Ribeiro de Avelar, que destoou do apoio quase unânime dos fazendeiros à Coroa portuguesa, da qual recebiam honrarias e benesses. Esse homem aderiu à causa de Tiradentes, de quem se tornou amigo. Muito me admira que na história do Brasil não se mencione esse fato, que mostra a ligação de conspiradores do Rio de Janeiro com a Inconfidência Mineira.

Em suas idas e vindas de Vila Rica para a Corte, onde chegou a elaborar um plano de canalização das águas dos rios Maracanã e Andaraí, o alferes Joaquim José da Silva Xavier costumava hospedar-se na fazenda do Pau Grande e, no Rio de Janeiro, conforme declarou em seu depoimento de 15 de julho de 1791, ia à casa do comerciante

Antônio Ribeiro de Avelar "por conta da sua habilidade de pôr e tirar dentes". Interrogado duas semanas depois, Avelar admitiu que conhecia o alferes e que este freqüentava sua casa da rua das Violas (atual Teófilo Otoni) quando vinha ao Rio, mas que dele nunca ouvira qualquer palavra reveladora da intenção de "sublevar as Minas". Quando a conspiração fracassou e instaurou-se a devassa, Avelar ficou em maus lençóis, juntamente com o contratador João Rodrigues de Macedo, da Casa dos Contos de Vila Rica, apontado como "o banqueiro da Inconfidência". Muito católico, ia penitenciar-se na igreja de Santa Rita, situada no largo desse nome, próxima de sua residência, e da qual era provedor. Gastou uma fortuna para se livrar do processo, o que conseguiu: mas daí a pouco, em julho de 1794, morreu, dizem que de desgosto.

Expressão da importância do Pau Grande, que se constituiu numa verdadeira empresa agrícola, foram os homônimos Joaquim Ribeiro de Avelar, pai e filho, o primeiro dos quais se tornou barão de Capivari, e o segundo, visconde de Ubá. Do sobrinho do primeiro, Cláudio Gomes Ribeiro de Avelar, barão de Guaribu, um solteirão de mau gênio, diziam as más línguas que "transformou o Pau Grande num serralho de negras". A ser verdade, isso provaria que pelo menos sob tal aspecto inexistia o preconceito racial entre esses nobres do Império.

Nos últimos tempos, com tia Zizinha viúva, esbulhada pelo advogado de quem já falei, a fazenda do Pau Grande foi loteada com tal sanha que só ficou um pouco de terra em redor da suntuosa casa-grande, de sorte que a ordem religiosa a ser beneficiada com a doação de minha tia recusou a oferta. O velho solar, entretanto, ficou conservado, graças a sua compra por um colecionador de obras de arte.

Na fase de completa decadência da fazenda, por lá passou, repetindo Tiradentes e Saint-Hilaire, o escritor José Lins do Rego. Viu restos do esplendor antigo, entre os quais a biblioteca com livros franceses, La Fontaine, Molière, Victor Hugo, George Sand e a *Revue des Deux Mondes*, entre outros.[9] E o romancista deu largas à imaginação: "De repente me veio à cabeça aquela fazenda nos tempos de sua grandeza. O barão olhando da sacada o cafezal pintado de vermelho, a negrada se espalhando na lavoura; a família feliz, a grande felicidade brasileira..."

---

9. A coleção da *Revue des Deux Mondes* era encontradiça em bibliotecas de fazendas e municipalidades da província do Rio de Janeiro. Seria indício de um elevado nível cultural que nem sempre possuíam os fazendeiros da região. Em *Populações meridionais do Brasil*, o historiador e sociólogo Oliveira Viana — fluminense de Saquarema — rasga elogios ao "polimento urbano" desses senhores de terra, virtude que ocorreria em razão da proximidade da Corte, atenuando-lhes a "rusticidade matuta". Escrevia Oliveira Viana: "Pela elegância espiritual, pela finura, pelo senso de proporção e do meio-termo, pela limpidez e pela calma da inteligência (os fazendeiros fluminenses) representam, ao sul, os nossos atenienses da política e das letras (...) Da nobreza fluminense não se pode dizer que tenha o prestígio da paulista, nem a independência intemerata da de Minas. Volta-se mais para o trono, que lhe fica perto, e corteja, dignamente embora, o monarca. Não depõe em si tanta confiança como a de São Paulo e Minas. É naturalmente conservadora. O seu liberalismo é mais intelectual do que sentido." De um conservadorismo exacerbado, o sociólogo admirava irrestritamente os barões do café, a ponto de igualá-los aos atenienses. Era muito exagero.

Um bilhete meu para minha mãe, de 16-04-1938,traz testemunho da visita do autor de *Bangüê*. Eu escrevia: "José Lins esteve nessa zona com Gastão Cruls e outro escritor. Contou-me entusiasmado as impressões de diversos lugares que visitou, inclusive o Pau Grande". (*N. do org.*)

O Barão e os Escravos

Francisco Peixoto de Lacerda Werneck, meu bisavô, filho de Francisco Peixoto de Lacerda e de Ana Mathilde Werneck, ganhou a maior notoriedade entre os representantes da família. Acumulou títulos e honrarias sem conta: foi fidalgo da Casa Imperial, Comendador da Ordem da Rosa, Presidente da Sociedade Promotora da Civilização e da Indústria da Vila de Vassouras, Comandante Superior da Guarda Nacional de Paraíba, Valença e Vassouras, Coronel Comandante da Guarda Nacional da Província do Rio de Janeiro, deputado à Assembléia Legislativa Provincial. Em 1852 recebeu o título de barão de Pati do Alferes, e no ano seguinte o de Grande do Império, em reconhecimento dos "sacrifícios que por longos anos despendeu em diversos cargos públicos, sem ônus para o Estado" e como "chefe de uma numerosa família, toda devotada ao serviço de S.M. Imperial". Também influíram os gastos de cerca de 60 contos com as obras da igreja de Santana das Palmeiras, no local onde imaginou fundar uma cidade chamada Isabelópolis, em homenagem à princesa Isabel.

Era muito religioso e extremamente fiel à instituição da monarquia; via na religião "um freio" contra as tentações de vingança ou de insurreição dos escravos. Entre os seus gestos mais celebrados conta-se o caso da hospedagem que deu a Teófilo Ottoni, numa de suas propriedades, quando esse chefe político liberal viajava a caminho de Minas para comandar a Revolução de 1842. O fazendeiro sabia tratar-se de um inimigo do Imperador, mal disfarçado em viajante comum, mas deixou-o partir. "Eu seria o último dos homens se denunciasse um hóspede meu", teria dito.

Sempre em defesa do que denominava "a boa ordem", comandou, na qualidade de chefe da Guarda Nacional, em 1838, uma das expedições contra os escravos rebelados no quilombo de Manoel Congo, também conhecido como de Santa Catarina, nome da mata onde se localizou.[10] A rebelião teve início numa das fazendas de Manoel Francisco Xavier, um mineiro que se dizia parente de Joaquim José da Silva Xavier, o Tiradentes. Por incrível que pareça, seu retrato ainda se pode ver, entre os beneméritos, na matriz de Pati do Alferes, embora as atrocidades que cometeu contra seus escravos fossem notórias.

A história desse quilombo teve como seu primeiro cronista o jovem Carlos Frederico Werneck de Lacerda, com base em documentos arquivados na prefeitura de Vassouras. Era um tanto panfletário na justa cxaltação à bravura dos rebeldes, mas o próprio Francisco Peixoto de Lacerda Werneck que comandou a repressão, escrevia em ofício ao presidente da província:

> Notei que nem um só (dos escravos perseguidos) fez alto quando se mandava parar, sendo preciso espingardeá-los, pelas pernas. Uma crioula de estimação de Dona Francisca Xavier não se entregou senão a cacete, e gritava: "Morrer sim, entregar não!!!!" (Pontos de exclamação do comandante Werneck.)

Essa escrava rebelde chamava-se Mariana Crioula e era a "rainha"dos quilombolas, sendo Manoel Congo, ferreiro de profissão, o "rei". O movimento tomou tal vulto que a Guarda Nacional pediu a ajuda dos soldados do Exército regular, comandados pelo então tenente-coronel Luís Alves de Lima e Silva, o futuro duque de Caxias.

Manoel Congo foi condenado à morte e enforcado na praça central de Vassouras. Outros sete réus homens foram sentenciados a receber 650 chibatadas cada um, a 50 por dia, e ao uso da gargalheira, uma espécie de coleira de ferro, durante três anos. As mulheres presas foram todas absolvidas, inclusive Mariana Crioula.

O barão de Pati do Alferes é autor de um livro de grande interesse para os fazendeiros da época, *Memória sobre a fundação de uma fazenda na província do Rio de Janeiro,* cuja primeira edição foi publicada em 1847, seguindo-se duas outras, revistas e ampliadas por seu filho, Luís Peixoto de Lacerda Werneck.[11]

Nesse livro, ele se mostra preocupado com os efeitos ruinosos da devastação da floresta, então vista como indispensável para assegurar a fonte maior de riqueza dos fazendeiros, que era o cultivo do café. Lamenta "as derribadas que em menos de uma hora deixam em cinzas aquilo que a natureza levou séculos a criar"; um paliativo seria plantar "paus de lei" à beira dos caminhos. O barão calculava perfeitamente o preço a pagar por essa destruição, observando: "Ela mete dó e faz cair o coração aos pés daqueles que estendem suas vistas à posteridade e olham para o futuro que espera os seus sucessores". Ele próprio seria atingido no final da vida por essa profecia.

A escravidão, escreve, "é o germe roedor do Império do Brasil, que só o tempo poderá curar". (O filho emendou para "cancro roedor".) Enquanto permanecesse aquele regime de trabalho, havia que ficar com o braço escravo, embora este se tornasse antieconômico depois da proibição do tráfico dos africanos. O senhor devia ser severo, "justiceiro e humano", e alimentar bem os escravos, dando-lhes três refeições por dia. Feijão temperado com sal e banha (às vezes carne), e angu asseguravam o bom rendimento do trabalho. "Eles são o nosso melhor capital", dizia. Portanto, um capital merecedor de cuidados especiais. Assim, no inverno de 1854, o barão se afligia porque o comissário se atrasara em mandar os cobertores pedidos. Escrevia em seu livro:

> O fazendeiro deve, o mais próximo que for possível, reservar um bocado de terra onde os pretos façam as suas roças; plantem o seu café, o seu milho, feijão, banana, batata, cará, aipim, cana etc. Não se deve porém consentir que a sua colheita seja vendida a outrem, e sim a seu senhor, que deve fielmente pagar-lhe por um preço razoável, isto para evitar extravios e súcias de taberna. Este dinheiro serve-lhe para o seu tabaco, para comprar sua comida de regalo, sua roupa fina, de sua mulher se é casado e de seus filhos. Deve porém proibir-se-lhes severamente a embriaguez, pondo-os de tronco até lhes passar a bebedeira, castigando-os depois com vinte ou até cinqüenta açoites. Estas suas roças, e o produto que delas tiram, fazem-lhes adquirir certo amor ao país, distraí-los um pouco da escravidão e entreter o seu pequeno direito de propriedade (...) O extremo aperreamento desseca-lhes o coração, endurece-os e inclina-os para o mal.

Os pretos dados à cachaça deviam levar amarrada ao rosto uma máscara de folha-de-flandres. Num dos "quartos de baixo" do Abaíba vi três outros instrumentos de castigo dos escravos, ali guardados embora sem uso. O principal era o famigerado tronco, um grande pedaço de madeira retangular, com metades justapostas, no qual era aberto um buraco maior, para a cabeça, e dois menores para os pés e as mãos do escravo. (Esse que vi quando menina era igual, em tamanho e forma, ao que se encontra exposto no Museu Imperial de Petrópolis.) Havia mais, nesse depósito, uma gargalheira, a já citada coleira de ferro, que prendia os negros rebeldes pelo pescoço, com hastes para ganchos; e a palmatória, uma roda feita de madeira pesada, com furos, medindo uns dez centímetros de diâmetro. Pode-se imaginar o que acontecia, por exemplo, a um escravo fujão, se fosse apanhado, para o quê os senhores punham anúncios nos jornais.

Quanto à baronesa, gerindo a parte doméstica das fazendas, não podia ignorar o que se passava externamente, os castigos infligidos aos escravos rebeldes ou "irrecuperáveis de tão teimosos". O fato é que mesmo as sinhazinhas consideradas "boas", quando queriam castigar as pretas do serviço doméstico que as desgostavam, mandavam-nas "para baixo", o que significava trabalhar "no eito", de enxada.

Em meio aos escravos havia excelentes artífices, cumpridores das tarefas que lhes eram ensinadas e que executavam com perfeição, para uso da casa, fazendo móveis das melhores madeiras, construindo habitações, sem falar nos cuidados da cozinha refinada; havia especialistas, de acordo com a tendência de cada um. Não há notícia, ao que se saiba, pelas conversas entre os descendentes da baronesa, de qualquer comentário seu, católica que era, sobre o comportamento do marido, quando castigava algum de seus escravos. [12]

O castigo devia ter dosagem certa, estabelecia o autor de *Memória sobre a fundação de uma fazenda*:

> Nem se diga que o preto é sempre inimigo do senhor; isto só sucede com os dois extremos, ou demasiada severidade ou frouxidão excessiva. (...) Há também alguns senhores que têm o péssimo costume de não castigar a tempo, e de estar ameaçando o escravo, dizendo-lhe — deixa que hás de pagar tudo junto — ou — vai en-

chendo o saco, que ele há de transbordar e então nós veremos — e quando lhe parece agarra o pobre negro, dá-lhe uma estafa da qual muitas vezes vai para a eternidade, e por quê? Porque pagou tudo junto!!! Barbaridade! O negro deve ser castigado quando faz o crime.

Não sei se vem daí a atual expressão "encher o saco", com um sentido chulo. Mas essa gradação do castigo no tempo fazia parte de um código tacitamente aceito pelos senhores.

---

10. Sobre Francisco Peixoto de Lacerda Werneck e o quilombo de Manoel Congo, o livro *Histórias de quilombolas*, de Flávio dos Santos Gomes (ed. Arquivo Nacional. 1993) registra que o futuro barão de Pati, comandante da maior expedição militar contra o quilombo, acusava o capitão-mor Manoel Francisco Xavier de "má administração" de suas propriedades, as fazendas Maravilha e Freguesia, com o que Xavier se tornava culpado pela eclosão do movimento de rebeldia. Assim, em 1838, "Francisco Peixoto de Lacerda Werneck preocupou-se com as conseqüências que aquela insurreição quilombola podia trazer aos interesses econômicos da região e, conseqüentemente, aos seus próprios". Essa situação, segundo o mesmo autor, explica o fato de que escravos de outras fazendas que não as de Xavier fossem excluídos do processo-crime da insurreição. É citado o caso de Epifânio Moçambique, da fazenda do Pau Grande (de propriedade dos Ribeiro de Avelar), o qual, embora apontado por várias testemunhas como um dos principais chefes da revolta, ao lado de Manoel Congo, foi interrogado mas não levado a julgamento. Afora a contribuição de Alaor Eduardo Scizinio, um livro fundamental, tratando especificamente do processo-crime, é *Insurreição negra e Justiça,* de João Luis Pinaud e outros (Expressão e Cultura/ OAB — RJ, 1987). Nele consta que além dos escravos do capitão-mor Manoel Francisco Xavier, participaram no quilombo cativos provenientes das fazendas São Luís da Boa Vista, Pau Grande, Cachoeira, Santa Teresa e Monte Alegre (que viria a ser comprada, anos depois, pelo barão de Pati), o que revela a extensão tomada pelo movimento. O coronel Francisco Peixoto de Lacerda Werneck teve como maior colaborador o seu primo José Pinheiro de Souza Werneck, juiz de paz em Pati do Alferes e também miliciano. Foi um irmão deste, Inácio Pinheiro de Souza Werneck, juiz interino de Vassouras, quem presidiu o processo contra os quilombolas rebelados. Todos esses Werneck, unidos na defesa do que entendiam como a "boa ordem" monárquico-escravista, eram bisnetos do patriarca da família.
O tempo passou. Hoje, 165 anos depois, se começa a fazer justiça aos vencidos. Na antiga fazenda da Freguesia, que veio a se chamar Arcozelo, como propriedade do visconde desse nome, genro do barão de Pati do Alferes — e que, por último, ficou sob administração da Funarte —, existe atualmente, perto da casa grande, uma capela consagrada à memória dos escravos condenados de forma sumária. Seus nomes lá estão: Manoel Congo, o líder, que morreu na forca, e mais os réus Justino

Benguela, Antonio Magro, Pedro Dias, Belarmino Congo, Miguel Crioulo, Canuto Moçambique, condenados a castigos cruéis. Também constam os nomes de escravas participantes, como Mariana Crioula, a "rainha" do quilombo, as quais receberam da justiça dos senhores um tratamento especial: foram absolvidas. Essa benevolência resultava da condição inferior de "fêmeas". *(N. do org.)*

11. Uma nova edição foi publicada em 1985 (Senado Federal — Fundação Casa de Rui Barbosa), com apresentação de Eduardo Silva. *(N. do org.)*

12. Um livro recente da historiadora americana Sandra Lauderdale Graham *(Caetana said no — Women's stories from a brazilian slave society,* Cambridge University Press, 2002) enfoca a personalidade de Francisco Peixoto de Lacerda Werneck como expoente do "senso da ordem". Sandra e Richard Graham, seu marido, têm-se dedicado a estudar a vida social brasileira na Colônia e no Império, produzindo trabalhos de mérito. Neste último, em sua "segunda história", o tema é o testamento de uma tia do barão de Pati do Alferes, Inácia Delfina, de 86 anos, solteira e analfabeta, que deixava dois escravos seus de herança para a ex-escrava Bernardina, sendo testamenteiro o sobrinho. A autora compôs uma extensa narração da chicana a que o barão se dedicou, com a eficiente assessoria do advogado Francisco de Assis e Almeida, seu genro. (Acredito que os exaustivos recursos judiciários em prejuízo da herdeira foram sobretudo obra da astúcia desse advogado, no período em que o barão, muito doente, tinha mais em que pensar.).

Nessse relato Sandra resume, em inglês, uma carta do barão ao seu comissário, da qual conclui que ele próprio, e não um feitor ou alguém pago para castigar, tinha chicoteado um escravo durante um mês, até quase matá-lo. A par da história da chicana, contada com minúcias, me interessou a interpretação dada a essa carta pela historiadora. Fui buscar o texto original, vazado num português pitoresco, tal como se encontra no livro de Eduardo Silva, *Barões e escravidão.* É o seguinte:

"O portador é o Serafim Souto que vai aí levar o meu escravo Sebastiano Pedreiro a fim de V.S. o meter aí na Casa de Correção, mandando castigar severamente com açoites, e depois tendo aí no limbo a trabalhar efetivamente nos ofícios mais pesados por tempo indeterminado. É este preto um bom escravo e mestre de seu ofício, porém há tempos a esta parte que deu em capadócio, e bêbado a ponto de se tornar atrevido. Tenho medo que me faça por aqui alguma maroteira, que me chegou ao tino, vá para lá até abaixar o topete. Há cerca de um mês que lhe faço as costas em uma chaga viva, porém tornou-se pior, e só se o matar, o que não faço."

Era o bastante, para horrorizar a bisneta Maria, ainda cheia de ilusões. Mas a leitura de Sandra L. Graham sobre a frase final da carta *("Werneck himself had brought the whip down across Sebastiano's back",* na versão dela) me parece não corresponder à realidade. Da parte do fazendeiro soa como uma força de expressão. Concordo com a opinião de Eduardo Silva de que o barão escrevia como se dissesse: "Eu plantei uma nova lavoura de café", ou "Eu reformei a casa da fazenda". Não era do feitio, nem da posição do grão-senhor empunhar o chicote, um mês a fio, para castigar um escravo. "O senhor mandava bater", é a expressão que Stein registra como freqüentemente usada por ex-escravos que ouviu. O senhor *mandava* bater. Mas — acrescente-se — com um remate cruel: depois de chicotear, o feitor esfregava nas feridas uma mistura de pimenta, sal e vinagre, supostamente para cauterizar, mas que funcionava, segundo os escravos, como uma forma de "fazer machucar mais". Era essencial para a mentalidade escravista que o cativo rebelde fosse duramente punido: tarefa do feitor, ou da Casa de Correção — o mais que suficiente em matéria de desumano castigo. *(N. do org.)*

O Grande Medo dos Senhores

Perdurou nas famílias de fazendeiros a crença de que os escravos de cada uma delas eram bem cuidados. Assim, diz-se que, se algum fazendeiro sabia que escravos de outra fazenda estavam sendo maltratados, tomava providências. Foi o caso, citado por Stanley Stein, de um tio-avô do barão do Pati, Manoel de Azevedo Ramos, que por ouvir tais queixas processou o dono de uma fazenda próxima da sua; mas perdeu a ação, porque testemunhas declararam que ele próprio era demasiado frouxo com os seus escravos, dando mau exemplo. E um bisneto de Manoel Peixoto de Lacerda Werneck — filho do barão e deputado que votou contra a Lei Áurea —, dizia ter encontrado em Miguel Pereira um preto velho que lhe contou que na fazenda Monte Líbano, da sua família, os cativos passavam bem, tanto que no verão, nas horas de maior calor, podiam descansar em esteiras à sombra das árvores. Tal era a tradição familiar, geralmente aceita.

Já na idade madura me inteirei de que a realidade era bem diferente. Em longas conversas com minha prima-irmã, Ligia de Sousa

Matos — Liginha —, filha de tio Mário, irmão de meu pai, concluímos que os nossos ascendentes não eram os santos que nós supúnhamos. Se os escravos recebiam melhor tratamento em determinados casos, era porque representavam o mais precioso dos seus bens, juntamente com a posse da terra. Dizia-se que os senhores não batiam eles próprios nos pretos; delegavam a vil tarefa aos subalternos. Mas era impossível a eles e as suas famílias escaparem à constatação daquela desumanidade.

Custa-me admitir que meu bisavô, em quem eu aprendera a ver uma criatura admirável, tinha a marca do escravocrata, de alguém que mandava dar chicotadas nos negros cativos, a ponto de descascar-lhes as costas, ou os enviava para a Casa de Correção, no Rio de Janeiro, onde seriam "corrigidos".

Pode ser burrice minha, pensem o que quiserem, mas a mim me ficou para sempre um grande desgosto, até uma rejeição em guardar como antigüidades certos objetos que pertenceram aos meus antepassados, senhores de escravos.

O choque maior me veio quando li no livro de Eduardo Silva, *Barões e escravidão,* o relato de que Francisco Peixoto de Lacerda Werneck, o grande fazendeiro ativo e progressista, coronel da Guarda Nacional, temente a Deus e fiel defensor da "boa ordem" imperial, ordenava cruéis perseguições a seus pretos insubordinados. Sobretudo me horrorizaram os casos de Ambrósio, "carpinteiro de primeira", e Sebastiano Pedreiro. A ambos o barão de Pati do Alferes mandou castigar severamente, por rebeldia, e acabou vendendo-os.[12]

Tive uma noite de insônia, pensando naquelas barbaridades. Telefonei para o autor do livro, perguntando por que ele havia escolhido meu bisavô para personagem central do livro.

"Era da época, Maria", explicou Eduardo, acrescentando que entre os grandes fazendeiros fluminenses aquele barão "era o mais inteligente, uma grande figura". Ainda assim, não me conformei. Precisava saber mais.

Descobri a importância de um sentimento geral de medo, um grande medo, para explicar o que me parecia simples manifestação do chamado respeito humano. Tratava-se do medo de estar — conforme a frase do barão — "em cima de um vulcão, nas mãos desses bárbaros" (os escravos). A verdade é que os fazendeiros viviam com um medo horrível, no meio da sua riqueza.

Fugas em massa de escravos; freqüência cada vez maior de atentados contra capatazes, administradores e donos de fazendas; quilombos que surgiam por toda parte, até nos arredores da capital do Império; repercussão crescente da propaganda abolicionista, da qual era expoente na província o aristocrata Joaquim Nabuco — todo esse quadro foi tornando cada vez mais tensa a situação dos proprietários da terra, obrigados a uma convivência diária, até dentro de casa, com os pretos (e pretas) da escravaria. Ainda guardo umas páginas de jornal com o último debate, em março de 1888, no qual falou o barão de Cotegipe como presidente do Conselho de Ministros. Oposto ao projeto da lei de Abolição, ele insistia na tecla de que o pânico dos homens da lavoura acabaria minando as instituições imperiais, abaladas pela convulsão social. Mas Cotegipe caiu, e foi aprovada a Lei Áurea, à qual a princesa regente, Isabel, era abertamente favorável.[13]

Um livro de Evaristo de Moraes, *A escravidão africana no Brasil,* publicado na década de 1930, conta um episódio que mostra essa predisposição da princesa Isabel. Relata o grande advogado que ela

> ...prestou-se, no Carnaval de 1888, a vender, numa quermesse de Petrópolis, em benefício da libertaçao dos escravos, flores colhidas no Rio, no quilombo do Leblon, e consentiu que os filhos, no seu jornalzinho *Correio Imperial,* publicassem versos de inspiração abolicionista.

Minha irmã Elsa partilhava, embora mais discretamente, da minha inquietação. Para expressar a sua, teve uma definição que se diria de um grande escritor. Um dia me disse que não usava as jóias da família porque aqueles brilhantes eram "lágrimas de escravos". Uma imagem maravilhosa!

A título de consolo, meu irmão mais moço, Moacir, me apareceu, bem mais tarde, com as *Memórias póstumas de Brás Cubas,* de Machado de Assis, fazendo-me ler o capítulo "O verdadeiro Cotrim". Ese personagem, cunhado de Bras Cubas, era muito religioso, chefe de família exemplar, e, de profissão, traficante de escravos.[14] Mandava alguns ao calabouço, de onde saíam a escorrer sangue. O cunhado comenta com finura e cinismo:

> Além de que só mandava os perversos e os fujões, ocorre que, tendo longamente contrabandeado com escravos, habituara-se de certo modo ao trato um pouco mais duro que esse gênero de negócio requeria.

E Machado de Assis, sempre pela voz de Brás Cubas, acrescenta um conceito de maliciosa sabedoria filosófica:

> Não se pode honestamente atribuir à índole original de um homem o que é puro efeito de relações sociais.

Moacir me trouxe também um artigo dele onde citava uma tese de Marx, anterior à publicação do *Brás Cubas,* tese segundo a qual "a essência do homem é o conjunto das relações sociais". Interessante a coincidência, mas era assunto que não estava em minhas cogitações.

Liginha e eu, já moças, conversávamos sobre a severa discrição de nossos avós e pais em matéria de vida familiar. Roídas de curiosidade, especulávamos em torno de algumas versões menos "católicas" que nos chegavam. Bem diferente do que líamos em certos romances, nacionais e estrangeiros, que contavam coisas dos porões da vida social. Por que só entre a nossa gente não havia pecado, adultérios ou mesmo crimes, que se contassem?[15] Era como se as lembranças vergonhosas fossem encobertas com um manto de dissimulação. E note-se que o bloqueio se estendia à própria recordação do fausto em que tinham vivido os nossos antepassados, e até, na juventude, nossos pais. Nunca, mas nunca, ouvimos de nossas avós um "caso" sobre o tempo da riqueza em que tinham vivido. Lembranças a apagar da memória, porque traziam um incômodo sentimento de culpa.

Entre as fazendas do barão de Pati do Alferes, Monte Alegre era a predileta. Foi comprada a João Gaspar Gonçalves, em 18 de dezembro de 1852, de acordo com a escritura guardada na Fundação Casa de Rui Barbosa. Era o verdadeiro centro do "estabelecimento agrícola" do barão, inclusive pelo número de escravos, um bom critério de avaliação econômica: 196 em 1862, valendo perto de 400 contos em total.[16]

As outras eram: Monte Líbano, Manga Larga, Palmeiras, Piedade (à qual se considerava anexada Santana, a mais antiga da família), Conceição e Iguaçu. Esta última, a única distante de Pati do Alferes, abrigava 140 escravos, alguns já muito idosos, que o barão mandou para lá quando desativou Santana, que tanto lucro trouxera a seu pai, Francisco Peixoto de Lacerda, mas cuja terra cansada não produzia mais café em quantidade satisfatória.

A área ocupada por essas terras chegava, segundo Stanley Stein, a 81 km^2.[17] Foram adquiridas por doação de sesmarias, compras, trocas e herança, tanto do barão quanto da esposa. Para dirimir dúvidas, havia constantes demarcações e medidas, descritas em linguagem pitoresca, mas, com o passar do tempo, o método tornava dificílima ou impossível a reconstituição dos limites, tão imprecisos eram os dados fornecidos e a determinação dos marcos. Essas verificações levavam dias e até meses, e às vezes eram suspensas.

Com a morte do barão, coube à baronesa, aos 54 anos, a administração dos bens. A crise vinha se agravando desde meados da década de 1850, quando começara a cair a produção dos cafezais, a maioria com mais de vinte e cinco anos. A dívida em dinheiro deixada pelo barão era de 600 contos, mas o ativo de 950 contos ainda não a tornava alarmante.

Minha bisavó, Maria Isabel, deixou não apenas na família, mas em todos os que com ela conviveram, a imagem de mulher enérgica, ativa e de espírito prático. Não tendo grandes conhecimentos, como aliás era freqüente nas sinhás-donas, era inteligente e estava a par dos problemas que preocupavam o marido e demais fazendeiros perspicazes de então. Foi pioneira no incentivo aos terreiros de pedra ou cal, nos quais o rendimento era maior que nos de terra, além do que o café, ao ser peneirado, levantava menos poeira, nociva aos pulmões de "nosso capital", os escravos.

No relato dos "bens de nossa casa", redigido com ajuda do competente inventariante, o genro advogado Francisco de Assis e Almeida, a baronesa constatava em 1863 a falta de renovação:

> As idéias do filho ainda são as do pai a quem o avô persuadiu. Podemos ainda ver os estabelecimentos erguidos há mais de 60 anos, dirigidos pelos mesmos métodos dos que deixam à natureza e à lenta ação do tempo o trabalho da produção. Os esforços empregados em melhorar os cafezais serão, graças à Divina Providência, coroados com o mais satisfatório resultado.

E acrescentava uma súplica:

Possa Deus preservar-nos do mal que causou tantas apreensões no passado.

Este relato, parte do inventário do barão, foi subtraído ou extraviado dos autos no Cartório do 1º Ofício de Vassouras.

Reza a tradição que nossos bisavós comiam em louça da Índia, que vinha como lastro nos navios a vela, sendo considerada de má qualidade; hoje é luxo. Já nossos avós usariam porcelana, da qual ainda existem uns restos. A verdade é que havia no espólio aparelhos armoriados de porcelana de Limoges, louças da Companhia das Índias, talheres de Christofle, em tal número que, distribuídos pela família, hoje ainda existem os de vermeil, armoriados, baixela de P. Lavaut et Cie, tão fina que representa ser de prata, copos e taças de bacará, linhos portugueses bordados a mão.

Era encargo da baronesa, inalterado com a morte do marido, a distribuição das roupas dos escravos (confeccionadas nas salas de costura, obrigatórias nas plantas das casas das fazendas), e das carnes dos animais abatidos regularmente, pois o barão não admitia que aos escravos faltasse esse alimento, "como fazem certos fazendeiros de serra acima".

Retratos tirados na Corte ou em outras cidades mostravam senhoras com jóias e vestidos caros, geralmente importados de Paris. Em retrato a óleo, de autoria do pintor Claude-Joseph Barandier, notável retratista de personagens do Império, a baronesa está vestida para alguma cerimônia na Corte. Um belo vestido azul-esverdeado, os cabelos negros ornados com um arranjo de miçangas pretas e *aigrettes* e, no bonito colo, um colar de brilhantes pequenos, formando triângulos, cujo desenho é repetido nos quatro finos anéis, três na mão direita e um na esquerda, sobre *mitaines* de filó branco.

Não se esquecia ela de observar o tempo diariamente, pois as chuvas, faltando por muitos dias, caindo fortemente ou fracas, porém duradouras, alteravam o ritmo dos trabalhos, prejudicavam as colheitas, tornavam intransitáveis os já de si maus caminhos de descida da serra, por onde iam para a Corte os produtos, principalmente o café, dentro das bruacas, nos lombos dos burros e mulas, que chegavam a se atolar e morrer, transportando a preciosa carga, e, às vezes, junto, os arreios. Esse hábito de, pela manhã, desde cedo, olhar o céu, passou para as filhas, mormente sua homônima Maria Isabel, minha avó.

O espírito de hospitalidade era sagrado. Ela abrigava parentes e tias velhas que não tinham onde morar. Havia as que recebiam víveres, regularmente. Cônegos iam freqüentemente rezar missas, que os escravos assistiam, "de roupa lavada", para aprender a "temer o Senhor" e receber noções da doutrina cristã; confessavam-se anualmente. Esse "freio" os sujeitava, principalmente se o confessor cumpria seu dever e os exortava "à obediência aos senhores e a quem os governa".

Em Monte Alegre os hóspedes entravam e saíam, gente importante ou humilde; lá faziam refeições, a caminho de Pati ou outros lugares, às vezes pernoitavam. Embora a família usasse passar dias em cada uma das fazendas, quando devidamente equipadas, a residência preferida e efetiva era Monte Alegre.

Maria Isabel e Francisco Peixoto de Lacerda Werneck tiveram seis filhos. Como era voga entre os fazendeiros abastados, o barão mandou os filhos homens estudarem na Europa.

Nascido em Ribeira de Santana em 1824, Luís, o primogênito, estudou no Rio, casou-se com a prima Isabel Augusta das Chagas Werneck; formou-se em Direito Civil em Paris e em Direito Canônico em Roma. Foi cônsul na Suíça e, ao voltar, elegeu-se deputado-geral. Estabeleceu-se como fazendeiro, para gerir os negócios da sogra, que iam mal, e queixava-se do sacrifício; sentia falta da vida da Corte, por certo, mais ainda da européia. O pai dedicou-lhe o livro que ensinava a maneira de entrar na nova atividade, a cujo título original, *Memória sobre a fundação de uma fazenda na província do Rio de Janeiro*, ele acrescentou "e custeio" depois de "fundação", além de muitas notas e tópicos novos. Luís considerava a escravidão "uma instituição irremediavelmente condenada", mas ainda assim prestou serviços ao Império, que lhe valeram várias condecorações. Faleceu em 21 de julho de 1885, em Locarno.

Ana Carolina, a primeira das filhas do barão, casou-se com o primo Francisco das Chagas Werneck Júnior. Viviam na fazenda de Vera Cruz, do pai dele, da qual nada mais resta, nem sinal.

Mariana Isabel, a filha seguinte, casou-se, aos quatorze anos com o advogado Francisco de Assis e Almeida, cuja influência na política e cujos conhecimentos profissionais ajudaram nos negócios do sogro. Viviam em Vassouras, onde ele foi o decano do Forum. O barão não queria que ela se casasse tão menina, mas se conformou ante a promessa formal do pretendente de que, casado, daria a Mariana a instrução que ainda lhe faltava.

A terceira filha, Carolina Isabel, também teve como marido um primo, José Inácio de Sousa Werneck. Viviam na fazenda das Pindobas, dos pais dele; mortos ambos antes do barão, não figuraram como seus herdeiros.

Manoel, o "tio Manduca", segundo filho homem, desposou Evelina Teixeira de Macedo, de importante família, educada na Europa e sem nenhuma vocação para a lavoura. Coube a Manoel, por herança, a bela fazenda de Monte Líbano, de difícil acesso, mas de onde se tinha uma vista soberba. De volta da Suíça, onde esteve, depois de formar-se em Direito em Olinda, mandou, em carta ao pai, junto com as indicações sobre a mudança, as medidas das caixas de madeira que, no lombo dos burros, levariam seus livros — que, aliás, desapareceram, como os demais, pertencentes aos filhos e netos do barão que estudaram na Europa. Exerceu advocacia na Corte, alternando com estadas em Monte Líbano, mas não escondia seu desagrado por viver na roça. Deputado pelo Partido Conservador, foi um dos raros votantes contra a Lei Áurea.

Maria Isabel, a última, nascida em 1840, tratada em casa como Maricota, convolou núpcias com Joaquim Teixeira de Castro, médico formado no Porto. Desse casal, meu avós, se falará logo adiante.

Três das filhas do barão, exceto Maria Isabel, foram ao altar no mesmo dia, 23 de junho de 1845, seguindo-se uma grande festa.[18]

---

13. A necessidade da emancipação dos escravos já era, desde anos antes, convicção do próprio imperador, como mostra uma carta por ele próprio redigida em francês, com data de 22 de agosto de 1866, respondendo a uma mensagem da Junta Francesa de Emancipação assinada por destacadas personalidades da política e da intelectualidade. Dizia Pedro II que, depois da abolição do tráfico, a emancipação dos escravos era "uma questão de forma e de oportunidade". Comenta Joaquim, Nabuco, em *Um estadista do Império*, que a divulgação dessa carta de torna-viagem, publicada pelo *Journal des Débats*, "teve o efeito de um raio caindo do céu sem nuvens. Tocar assim na escravidão pareceu a muitos, na perturbação do momento, uma espécie de sacrilégio histórico, de loucura dinástica, de suicídio nacional."
A referência de Maria, baseada numa citação de Evaristo de Moraes, teve recentemente uma completa elucidação histórica com o livro de Eduardo Silva *As camélias do Leblon e a abolição da escravatura — Uma investigação de história cultural* (Companhia das Letras, 2003). As flores tão bem acolhidas pela princesa Isabel eram camélias plantadas por mãos de escravos num surpreendente quilombo da periferia urbana, encravado no sopé do morro dos Dois Irmãos, no Rio de Janeiro. Essas camélias, escreve o autor, tornaram-se "um símbolo do projeto de abolição imediata e incondicional". O livro traz a revelação de "um underground romântico e subversivo", com a participação, ao lado dos escravos, de importantes figuras da intelectualidade. O quilombo do Leblon, acentua Eduardo Silva, "era uma espécie de ícone do movimento abolicionista, uma de suas melhores bases simbólicas e um de seus triunfos para a negociação política". *(N. do org.)*

14. Em seu livro *Memória sobre a fundação de uma fazenda,* Francisco Peixoto de Lacerda Werneck se refere à figura do traficante desonesto que mandava ao fazendeiro incauto um lote de escravos, "muitas vezes sabendo que vão carregados de enfermidades incuráveis". Esses intermediários geralmente possuíam facilidades de crédito, além de experiência do negócio, conside-

rado um empreendimento comum de comércio, onde havia os desonestos e os "sérios", como sério devia se achar o Cotrim de Machado de Assis. *(N. do org.)*

15. O adultério era exclusivo das mulheres. Havia tolerância para com os "pecadilhos" masculinos fora do casamento, sobretudo em relação às escravas. Contava-se o caso de uma fazendeira cujo marido exigia que tudo o que comprava fosse bonito, inclusive escravos. Ela, ao contrário, cuidava de que só fossem compradas escravas feias, para que o marido não se metesse com elas. *(N. do org.)*

16. Maria Werneck visitou Monte Alegre várias vezes; numa delas, em fins de 1994, acompanhada do botânico Pedro Carauta, ambos buscando espécies vegetais em extinção. (Ela, porém, devia estar igualmente interessada, como nas outras ocasiões, em rever a casa de seus avós.) Mandou depois aos proprietários, Claude e Gabriel Fonseca, uma antiga fotografia da fazenda, com um bilhete de agradecimento pela boa acolhida. Especialista em figueiras, Carauta encontrou uma, provavelmente do tempo do barão, tão majestosa que para abraçá-la eram necessárias oito pessoas. Quando estive recentemente em Monte Alegre, com minha mulher, pedi a Gabriel Fonseca, para este livro, um relato sobre como descobrira aquela fazenda e sobre o trabalho que realizara para restaurá-la. Dado o interesse desse depoimento, é ele transcrito na íntegra, e com as fotografias que o acompanharam, como apêndice do livro.*(N. do org.)*

17. O cálculo está numa nota referente ao inventário do barão de Pati do Alferes, "Relatório do estado da nossa casa de 6 de dezembro de 1861 até 6 de dezembro de 1862", sendo inventariante o genro Francisco de Assis e Almeida. Comenta Stein: "No final de uma década (de 1850) tão próspera é que se tomou consciência do fim próximo da mata virgem. Pela primeira vez as avaliações de terra começaram a fazer distinção entre mata virgem, crescimento secundário (capoeira, capoeirão) e pasto (...) O fim da auto-suficiência das fazendas teve origem no flagrante desaparecimento da mata virgem e na redução da força de trabalho." *(N. do org.)*

18. Os casamentos foram de Ana Carolina, Carolina Isabel e Mariana Isabel, todos no mesmo dia, 23 de junho de 1845. A primeira e a segunda casaram-se com primos, respectivamente Francisco das Chagas Werneck Júnior e José Inácio de Souza Werneck. Primos — e não tios, como escreveu, equivocadamente, Sandra L. Graham, no seu livro já citado. Ela própria, na tábua genealógica das páginas 88-89, deixa claro que ambos eram de fato primos das moças. Não quer dizer que não ocorressem então casamentos de tios com sobrinhas; a exemplo, o caso de Irineu Evangelista de Souza, barão de Mauá. A Igreja Católica proibia, mas os casos eram resolvidos mediante "dispensas", principalmente óbolos para obras pias.

O barão tinha pressa em casar as filhas. Naquele tempo, observa Gilberto Freyre, "as mulheres ficavam com ar de velhice muito depressa". E cita o negociante inglês John Luccock, segundo o qual meninas de treze, quatorze anos, tinham "olhos vivos, dentes bonitos, maneiras alegres", mas logo perdiam esses encantos, e aos dezoito já se tornavam matronas.. *(N. do org.)*

Os Viscondes de Arcozelo

Joaquim Teixeira de Castro, marido de minha avó Maria Isabel, recebeu do rei D. Luís I de Portugal, em 1874, o título de visconde de Arcozelo, por serviços prestados a essa localidade portuguesa onde nascera em 1825, entre os quais a fundação de uma escola para alfabetização de adultos. Pertencia a uma família abastada. Depois de formado, viajou para o Brasil, e foi trabalhar como médico nas fazendas do barão de Pati do Alferes, mas por pouco tempo. Genro daquele grande proprietário, em seguida se dedicou com eficiência à administração das fazendas do sogro. Adquiriu a fazenda da Freguesia, perto de Monte Alegre, mudando-lhe o nome para Arcozelo, como se chamava a quinta de sua família, perto de Vila Nova de Gaia, no Porto.

Há uma versão de que ganhou essa fazenda num jogo de pôquer com o tenente-coronel (da Guarda Nacional) Gil Francisco Xavier, conhecido como "Gil da Freguesia". Tratava-se do filho adotivo de Manoel Francisco Xavier, dono das fazendas Freguesia e Maravilha, esta última notória porque ali teve início, com uma fuga em massa de escravos maltratados, o quilombo de Manoel Congo, de que já falei.

Consta que os fazendeiros jogavam muito — mas tão alto? Seja ou não verdadeiro esse caso da incrível sorte no pôquer, o fato é que Joaquim Teixeira de Castro era ativo, trabalhador, tanto assim que logo recebeu do sogro o encargo de tomar conta da Piedade e, mais adiante, comprou essa fazenda ao seu cunhado, Luís, concluindo a "terceira moradia", cuja construção fora iniciada por seu sogro. No Rio de Janeiro, tornou-se proprietário da vários imóveis, entre os quais dez casas na rua da Relação e duas na rua dos Inválidos, e foi sócio da firma de comércio de café Teixeira Braga & Cia. Morreu em 1º de maio de 1891, vítima da febre amarela.

Era homem bonito, como mostra uma fotografia sua, com umas suíças descomunais, chegando quase até a ponta do queixo. Na Beneficência Portuguesa do Rio de Janeiro, da qual foi comendador ou algo parecido, vi um retrato que me diziam ser dele, do que a princípio duvidei, mas depois me convenci por causa das mesmas suíças compridas da fotografia.

As mãos dele eram faladas na família. Certa vez, uma de minhas tias disse a mamãe: "Iaiá, seus filhos têm as mãos como as do visconde, no formato e nas palmas rosadas." Todos saímos de um moreno claro, os cabelos pretos. O cabelo meio encarapinhado de vovô Josué deixou poucos rastros.

A viscondessa de Arcozelo, a exemplo da mãe, foi boa administradora do patrimônio da família, que então constava de três fazendas (Monte Alegre, Freguesia e Piedade) e numerosos outros bens, inclusive escravos. Percebe-se o tirocínio com que se desincumbia da tarefa lendo o seu diário, do qual só resta a parte referente a 1887. (Fiquei com uma cópia do original, doado por minha prima Lígia ao Museu Imperial.)

Suas anotações eram minuciosas e precisas, com muitos erros de ortografia: preocupação com o tempo, com as chuvas que podiam causar prejuízo à lavoura de café; despesas com a compra de panos para vestir os escravos, inclusive japonas e paletós para o inverno; artigos para consumo doméstico; café colhido, em alqueires; produtos das fazendas a serem comercializados, dinheiro pago aos pretos por produtos deles; negócios feitos. Tomava nota, por exemplo, de que "o Castro" (assim chamava o visconde) tinha "vendido quatro animais de tropa por 480 contos"; ou mencionava cada capão vendido, com o peso em arrobas. As visitas eram infalivelmente registradas, a do compadre Peralta, ou a do sr. Manoel Pinheiro, que "almoçou e retirou-se antes do jantar". Da mesma forma as doenças dos filhos, nesse ano o sarampo, e a dela: "Eu tenho passado muito mal do estômago, não sei como hei de viver sem poder comer".

Era um cotidiano movimentado. Sempre havia gente aparecendo; uns almoçavam, outros jantavam e ficavam para dormir. Num domingo ela conta trinta pessoas, visitas e gente de casa, das quais todas, menos duas, iam pernoitar. A rotina rural era quebrada com temporadas no Rio e em estações de águas, como Caxambu, sendo as despesas devidamente anotadas. Apesar de discretíssima quanto à sua vida íntima, parece que se dava muito bem com o marido, porque um dia ela se queixa no diário, aborrecida: "O Castro não me foi esperar na estação".

Exemplo curioso de anotação é a seguinte: "Comprei seis camisas para Mário (filho) por 16.000 e 1 chapéu para o mesmo./ Francisquinho está melhor. Todos os pretos comem carne, 1/2 @ para aqui (Monte Alegre), 5 ks. para a Freguesia e 4 1/2 ks. para a Piedade." Entenda-se que naqueles dias "os pretos" podiam estar comendo carne: não era prato cotidiano.

O que sobretudo impressiona é a maneira seca, sem emotividade, com que minha avó anotava certos acontecimentos. Das cartas recebidas do marido, quando ausente, e dos filhos, inclusive Luisinho, estudando na Europa, fica o simples registro, sem informação sobre o que se passa com eles. Dos escravos, somente notícias lacônicas, como o ganho de 300 réis por alqueire de café que colhessem, de seis para cima, segundo o Castro anunciou que lhes seria pago a mais, ou os castigos de rebaixamento por insatisfação com o pessoal de serviço doméstico, mandado para o eito. Tudo ficava assinalado: Moisés "foi para a roça", por motivos não explicados; a dona de casa se zangou com Ludgera e mandou-a "lá para baixo", isto é, para a enxada. Em outra ocasião, na época da colheita, manda "seis raparigas e dois cozinheiros apanhar café".

Da Piedade, vem a notícia de que o administrador Pedro Celestino libertou duas escravas, Inês e Agostinha, por 1.326 mil-réis, o que a viscondessa não aprova, comentando: "O Pedro sempre mostra que é negro e que foi cativo". (Que pena, aquela senhora tão fina ter esses sentimentos!) Quer trazer de volta a Agostinha, que tinha tido a tarefa de amamentar uma netinha dos viscondes (filha de tio Francisquinho) e substituí-la por outra ama-de-leite.

Sempre cordata no acatar as ordens do marido, ficou triste com a decisão dele de despedir a governante portuguesa, dona Sara, porque queria que os filhos menores — Mário, com doze anos, e Raul, com dez — fossem estudar no colégio em Pati do Alferes. Assim se fez. E a viscondessa deixa escrito que ficou "com muita pena" ao ver Sara partir. Mais tarde tio Mário contou aos filhos que ele e Raul sentiram muito a falta da governante, e que, das fazendas vizinhas vieram escravos para se despedir dela.

O pitoresco Quinquim do Guaxe causou um susto que quebrou a rotina de Monte Alegre. Conta minha avó:

> Às três horas da madrugada, senti bater no soalho e mandei abrir a janela para ver o que era. Era um portador do Guaxe, com uma carta do Quinquim dizendo que um moço que vinha num *troll*

(trole) do João Vieira, procurando o Castro ou o compadre, tinha chegado ao Guaxe muito molhado e falecera logo, sem se ouvirem as suas últimas palavras. Não sabemos quem é, pois não esperávamos ninguém.

Permaneceu o segredo daquele estranho mensageiro noturno, que morreu sem dizer a que vinha. Parece o princípio de um conto ao velho gosto romântico, sem continuação e desfecho. A viscondessa e Quinquim do Guaxe não contaram mais nada, que eu saiba. Também não se esclareceu o "grande roubo de café" descoberto pelo visconde no lugar chamado Refúgio, perto de Monte Alegre, apesar das buscas.

Quando se encontra na estação de águas, ou no Rio, a viscondesa infalivelmente menciona as cartas do marido, que são freqüentes, mas cala sobre o assunto. A notícia do nascimento de Edith, primeira filha de Francisquinho e Alzira, vem acompanhada de um comentário lacônico: "nasceu com muita felicidade".

A fazenda de Ubá é muito citada como entreposto, onde se vai buscar ou despachar encomendas: um vestido preto que chega para Alzira, de luto pela avó, ou comidas que vêm da corte, como um apreciado peixe, barris de vinho Augusto César e água de Vichy. Pitoresca é a seguinte "receita para bebedeira": "Aguardente, 60 grs.; fel de boi, 1 gr.; tintura de genciana, 2grs.; tártaro emético, 5centigr.; kermes mineral, 10 centigrs. Tomar 2 doses com 1/2 hora de intervalo."

Mortes são registradas, inclusive a do conselheiro Martinho Campos, amigo e contraparente, e a do "mano Assis", marido da irmã Mariana. Também falece a prima Candinha, mas desta "os pretos não carregaram o caixão, porque era domingo e não estavam em casa". As cobras contribuíam para os óbitos: "Mataram no portão do pomar uma jararaca que media 1,56 m e tinha 36 ovos". Uma dessas picou o preto Miguel, e outra, Simão Mulatinho.

E por aí vai o diário da viscondessa de Arcozelo, sempre detalhado, oferecendo bom material aos estudiosos. Naquela altura Monte Alegre era a fazenda predileta, mas as duas outras, próximas, Piedade e Freguesia (depois chamada Arcozelo), eram bem equipadas, embora não com o mesmo requinte. O visconde ia freqüentemente de uma a outra; já devia ter abandonado a medicina, pois aparece todo dedicado a administrar as fazendas, vigiando roças e colheitas com olho de dono.

Os descendentes dos barões de Pati do Alferes e respectivas famílias não usufruíram por muito tempo as regalias da fortuna herdada. Houve uma derrocada rápida. As lavouras de café foram rapidamente cessando de produzir: estavam velhas, em breve se tornariam pastos imprestáveis. O golpe de misericórdia na prosperidade dos grandes fazendeiros fluminenses foi dado pela Lei Áurea, de 13 de maio de 1888, que aboliu a escravidão. Por sua parte, os negros libertados não tiveram os anunciados benefícios. Escreve Francisco de Paula e Azevedo Pondé:

> O negro moço e sadio encontrava trabalho, embora vivendo em piores condições pelo pouco que o antigo senhor arruinado podia pagar. Os velhos e doentes ficaram, à beira das estradas, sem ter o que comer e sem iniciativa, já não tida antes. Eram carentes de tudo.

Para superarem suas dificuldades, salienta o mesmo autor, os fazendeiros e seus herdeiros tinham de hipotecar as terras ou sacar em conta corrente, nos inventários, o dinheiro para a movimentação de seus negócios. Foi o caso da viscondessa de Arcozelo, com 51 anos por ocasião da morte do marido, em 1891, e seus filhos. Por alguns anos mais ela agüentou firme o leme. A situação foi piorando até que, em 1911, teve que vender a fazenda para o primo Joaquim Ribeiro de

Avelar. Morreu pobre, como já contei. Foi surpreendentemente rápida a liquidação da grande fortuna do barão de Pati do Alferes, o que por certo não era responsabilidade dos herdeiros, mas da crise geral do café.[19]

Os irmãos Teixeira de Castro, filhos do visconde, eram cinco. Todos bonitos rapazes; de tio Raul, a "raspa do tacho", não se podia dizer que igualasse os irmãos; mas a este, em compensação, não faltavam elegância e esbelteza.

Cito-os por ordem de nascimento.

Ernesto, o primogênito, morreu moço; estudara em Coimbra e logo ao voltar trabalhou na firma Teixeira Braga & Cia, da qual o pai era sócio. Casou-se com Maria Paula, filha do futuro prefeito do Rio de Janeiro, Francisco Pereira Passos. Recebeu em vida sua parte da herança paterna, nunca se soube quanto, e entrou de sociedade com o sogro, que tinha uma serraria. O casal, que teve duas filhas, morava no Rio, mas ia muito às fazendas, onde passava tempos; sogra e nora davam-se muito bem. Chamava atenção na família o intervalo entre as duas filhas: dez meses apenas. A certa altura o casal separou-se. Maria, a filha mais velha, ficava mais no Rio, com a mãe, e sua irmã, Ernestina, com a avó paterna, em Monte Alegre. Da sociedade entre tio Ernesto e Passos veio a fortuna de Maria Paula, ao enviuvar.

Tio Francisco — chamado Francisquinho — foi estudar na Inglaterra. Voltando ao Brasil, casou-se com Alzira Helena Castro, nascida na Espanha, filha de um dono de jornal. Era vistosa e elegante, freqüentava a alta sociedade, mas faltava-lhe a simpatia de Maria Paula. Também passavam longas temporadas em Monte Alegre, onde Francisquinho ajudava o pai na administração das fazendas, embora se dissesse que ia correr a lavoura de luvas... O casal ia muito ao Rio, e quando vovó fazia sua anual estação de águas, iam junto.

Meu pai guardou uma longa carta de tio Francisquinho, de 24 de agosto de 1923, para Blumenau, onde morávamos então. Conta que foi visitar no Rio minha irmã Elsa e seu marido João de Lacerda Paiva, que se haviam casado em Blumenau e estavam a caminho da fazenda da Forquilha, onde iam morar. "Achei-a bonita — diz ele de Elsa. — Tem o tipo Avelar, mais bonito que o Werneck, e o teu genro é um guapo rapaz". Sabendo do gosto de meu pai pela leitura, promete mandar livros, citando em especial um romance francês muito em voga, *La Garçonne*, de Victor Margueritte, bastante audacioso no abordar a "vida moderna" daquele tempo, e que andava emprestado, "de mão em mão", dizia; não sei se o mandou. Francisquinho queixava-se de ter sido obrigado a mudar de meio social, "pela perda de meus haveres", mas acrescentava que tivera a sorte de casar bem as filhas, o que representava um sossego financeiro. Passou dificuldades, como os irmãos, mas nunca ficou sem teto, como papai.

Luís, meu pai, foi o terceiro. Dele falarei adiante. Tio Mário, o quarto, talvez por ter feito muita ginástica na juventude, quando estudou na Inglaterra, era alto e o mais forte dos irmãos; expansivo e alegre, embora de vez em quando se notasse certa tristeza em seu olhar. Tocava bem piano e era mestre em palavras cruzadas. Conseguiu um emprego bem remunerado, de agente fiscal, e viajava pelo Brasil, levando a família quando ficava por mais tempo num local. Casou-se com uma moça Mello Matos, Luísa, gordinha, com lindos olhos azuis. Todos os meus primos, filhos do casal, eram inteligentes: tinham a quem sair. Os pareceres de tio Mário eram elogiados, por bem escritos.

O caçula dos Werneck Teixeira de Castro, Raul, estudou em Portugal. Tanto ele como tio Mário foram mandados para a Europa por tio Francisquinho, que, com a morte do pai, assumira responsabilidades de chefe da família (ao que se dizia com muita gastança, sem tomar conhecimento da gravidade da situação). Tia Maria Paula, quando o pai era prefeito do Rio, arranjou um emprego para o jovem Raul, que, instruído e bem educado, logo chamou a atenção dos chefes e foi trabalhar no gabinete do prefeito. Foi padrinho de minha irmã Elsa e, solteirão, dizia que quando morresse deixaria para essa sobrinha tudo o que lhe restava de prataria e louça armoriada que herdara do visconde. Mas afinal se casou com uma moça, Carolina, de quem mamãe gostava muito. Eles tiveram quatro filhos. Tio Raul foi notável enxadrista e, para orgulho da família, participou em 1926 de um grupo de brasileiros que enfrentou o russo Alekhine, campeão mundial de xadrez, de passagem pelo Rio de Janeiro.

---

19. Em contraste com a decadência da lavoura cafeeira no estado do Rio de Janeiro, resultante da pressa em lucrar e da imprevidência dos fazendeiros, ao mesmo tempo, no vizinho São Paulo, a cultura do café se beneficiava de uma situação excepcionalmente favorável. Em *Formação econômica do Brasil,* Celso Furtado aponta entre as causas dessa desigualdade o aproveitamento, pelos fazendeiros paulistas, de uma grande inflação de crédito que permitia a exploração de novas terras, bem como a contratação de trabalhadores assalariados estrangeiros, em substituição ao escravo negro trazido da África. Assim, a produção brasileira de café chegou a 16,3 milhões de sacas em 1901-02, contra 3,7 milhões em 1880-81 e 5,5 milhões em 1890-91. Enquanto isso, os cafeicultores fluminenses afundavam na crise. Esta só viria a ser geral, no país, com a valorização artificial do produto para defender os preços, a retenção dos excedentes e, por último, a queima de grandes estoques de café na década de 1930. (*N. do org.)*

Meu Pai

Sobre meu pai vou me alongar um pouco nesta narrativa, embora, como já disse, não fale dele e de minha mãe tanto quanto desejaria e ambos mereciam.

Luís Werneck Teixeira de Castro, o terceiro filho do visconde de Arcozelo e sua mulher Maria Isabel de Lacerda Werneck, nasceu na fazenda Monte Alegre, freguesia de Pati de Alferes, província do Rio de Janeiro, em 6 de abril de 1867. Depois de passar uma temporada no tradicional colégio Caraça, em Minas, foi mandado aos 16 anos para Leipzig, onde fez na universidade o curso de agronomia: havia ainda a ilusão de que iria se dedicar à agricultura. Tirou excelentes notas na faculdade. A par dos estudos, levou uma vida de estudante rico. Fez amizade com um grupo de alegres rapazes chegados à arte e às letras, que se divertiam e juntos freqüentavam espetáculos como o da Orquestra Gewandhaus, já então famosa. De volta ao Brasil, em 1888, passou por Paris e tomou o navio em Lisboa para o Rio de Janeiro.

Curioso é que nas cartas que meu pai guardou, os seus amigos de Leipzig pareciam ignorar completamente que o ex-colega brasileiro não era mais o filho abastado de um grande proprietário de terras, visconde ainda por cima, e o convidavam sempre para voltar a visitá-los na Alemanha. Pedem insistentemente fotografias do "Lulu" com a esposa e o filho e um deles o convoca: "Você, tão rico, não pode comprar uma passagem para vir nos ver?". Papai não lhes falava sobre a penúria que teve de enfrentar de volta ao seu país. Leipzig era uma lembrança remota, à qual ele pouco se referia, condensada num pacote de cartas, cartões, postais e fotografias do grupo em poses gaiatas.

Episódio meio confuso desse tempo (1886, meu pai tinha 19 anos) foi um duelo que afinal não houve. Muito mais tarde, de posse de uma correspondência em alemão gótico, pude restabelecer o que de fato aconteceu, ou não aconteceu. Tio Francisquinho, que viajara para a Inglaterra, tinha ido visitar o irmão mais moço em Leipzig, e lá se teria engraçado com uma moça. Vai daí um certo conde Mörner escreveu a papai uma carta desaforada, com o brasão de nobre, alegando que essa moça, a quem chamava *eine Dame*, e que na verdade era uma senhorita Petri, fora ofendida com referências comprometedoras de tio Francisquinho, por ter sido rejeitado um seu suposto pedido de casamento. E, na condição de amigo dela, o tal conde vinha pedir satisfações a meu pai, que ainda "ousava visitar" a moça. A essa altura Francisquinho já tinha voltado para a Inglaterra, e papai, em resposta ao desafio do conde, comunicou-lhe simplesmente que não tinha nada a ver com o assunto e que não era procurador do irmão. Assim, o ridículo duelo não houve.

O engraçado é que 20 anos mais tarde Júlio Neves, um colega português da universidade, depois de contar que tinha passado por Arcozelo, "antigo solar de teu pai", mandava também notícias de uma viagem à Alemanha, especialmente a Leipzig, e escrevia:

> Estive com o *Dienstmann* que nos serviu, lembras-te? O *fine mouche*, como lhe chamava a Petri. Também te manda lembranças.

Ficou-me claro, assim, que aquela *eine Dame* do conde Mörner era uma alegre amiguinha da turma de estudantes, moça espirituosa que falava francês fluente (a ponto de empregar a expressão coloquial *fine mouche*, que significa finório, vivaldino), enfim, uma companhia habitual dos rapazes nos jantares em bons restaurantes. Era essa a Petri pela qual o conde bobalhão queria duelar com o jovem Castro... Todos, inclusive ela, devem ter dado boas risadas com a história.

Voltando ao Brasil, Luisinho — como era conhecido na família — casou-se com a prima (as mães eram primas-irmãs) Maria dos Anjos Avelar de Albuquerque, filha do médico Josué Torres de Albuquerque e de Carolina Avelar Albuquerque, a vovó Carola, proprietários da fazenda do Abaíba.

Ele tinha vinte e cinco anos; ela, dezessete — casavam cedo as moças daquele tempo! Iaiá dos Anjos, ou simplesmente Iaiá, como a chamavam, era elegante, esbelta, uma sílfide. Lembro que eu, magrinha, aos nove anos, passava com dificuldade pela cintura do vestido de casamento dela (vindo de Paris). Teve, com as irmãs, uma governanta francesa, *mademoiselle* Régine, que ensinava francês, piano e boas maneiras. Imagino aquela menina de fazenda tornando-se de repente mulher de um rapaz viajado, tido como rico e muito bem apessoado. Ainda bem que, sendo uma Avelar, portanto prima do consorte, não havia entre os dois desigualdade social. E era alegre, de bom gênio. Mas o casamento deu certo, resultou num caso de amor que durou a vida toda.

Com a morte do visconde de Arcozelo, em 1891, coube por herança a meu pai a fazenda da Piedade, que incluía a de Santana, num total de oitocentos alqueires, compreendendo casa de vivenda, engenho, moinho, tulhas (armazéns de café), sete casas para colono, antigas senzalas e cem cabeças de gado.

A primeira sede da fazenda, como se viu, foi erguida na segundo metade do século XVIII apelo meu ancestral açoriano Manoel de Azevedo Matos. Coube ao barão de Pati do Alferes reconstruí-la, obra completada no final da década de 1860 pelo seu genro visconde. Era uma bela casa de estilo neoclássico. Com pilastras de tijolo aparente e alpendre de duas águas. Teve a seguir vários donos. Em 1898, pouco depois de tomar posse da propriedade, papai hipotecou-a, seguindo o recurso habitual dos fazendeiros empobrecidos, por 40.000 mil-réis (quarenta contos de réis), a juros de 10% ao ano e prazo de três anos. Quem emprestou o dinheiro, como favor de parente, foi o concunhado Joaquim Ribeiro de Avelar, marido de tia Zizinha.

Nos documentos relativos à hipoteca, meu pai é mencionado como major da Guarda Nacional. De fato, ele entrou para essa instituição defensora dos interesses dos fazendeiros escravistas, e é difícil entender por quê, já que suas idéias eram contrárias. De qualquer forma, nunca mais usou a patente.

Entretanto, ele não conseguiu fazer render a velha fazenda da família. Daí a cinco anos, entregou-a, de porteira fechada, ao credor. Saíram meus pais e um filho, também chamado Luís, sem levar praticamente nada — pois não tinham onde guardar muitos dos objetos, mobília, louça e o que mais lá ficou. Cinco meses depois de receber a fazenda, tio Joaquim Ribeiro passou-a adiante, por 30 contos. Afinal, não fez mau negócio.

Mais tarde se diria que se papai tivesse um pouco de experiência financeira encontraria meios de ficar com a fazenda, simplesmente "rolando a dívida". Mas isso, me parece, era aplicar em outro contexto uma técnica posterior, feita de manobra e esperteza.

Uma das poucas coisas que se salvaram, graças a minha mãe, foi uma bela imagem de Nossa Senhora da Piedade, a padroeira, mandada buscar em Portugal pelo pai de Inácio de Sousa Werneck, Manoel de Azevedo Matos. Diante dela, o patriarca da família celebrou sua primeira missa, assistida por todos os filhos e netos. Mais tarde, por volta de 1940, ainda graças a providência de mamãe, essa imagem, que conservara miraculosamente as cores primitivas, foi entronizada numa capela da matriz de Pati do Alferes, onde se encontra.

Assim começou, durante um longo e doloroso período, a vida errante de meu pai, numa sucessão de empregos insignificantes. Vida que só mudaria pouco depois do nascimento de Moacir, o caçula (em Barra Mansa, a 28 de fevereiro de 1915), surpreendendo todos, ao aparecer 22 anos depois do primogênito. Em quase todo esse período, minha mãe e os filhos nascidos depois de Luís (Joaquim, Elsa e eu), tiveram abrigo com vovó Carola, no Abaíba, onde meu pai ia vê-los, morto de saudades, nos intervalos de suas ocupações incertas.

Eu pouco sabia das atribulações dele, nem poderia, agora, reconstituir os lugares por onde andou e trabalhou. Muito me chocou, já adulta, saber do extremo de privações a que chegara aquele homem inteligente e culto. É para mim inexplicável que ele tivesse ficado tanto tempo sem uma "colocação", como se dizia, decente.

De alguns de seus pequenos empregos meu pai se demitiu subitamente. Assim foi com o de administrador da fazenda de Secretário, que pertencera aos Correia e Castro e deles fora adquirida por dois irmãos belgas, os d'Olive, que pouco se dedicavam a ela. Fomos para lá e ficamos instalados numa casa reformada, que tinha sido enfermaria ou algo semelhante, e eu achava um casão. A sede majestosa levara muitos anos sendo construída por Laureano Correia e Castro, barão de Campo Belo, que a desejava à imagem de um palácio francês; encantou Charles de Ribeyrolles, que a visitou no fim da década de 1850. Tenho lembrança, reforçada por Elsa, de que papai nos citava um livro francês onde se contavam atrocidades cometidas contra os negros no Congo Belga, atual Zaire. Um dos novos donos da fazenda, tipo meio maluco e alcoólatra, tinha estado naquela colônia belga e participado das tais barbaridades. Esse é que ficava lá com mais freqüência. O irmão dele, boa pessoa e bem educado, levava a família quando passava tempos na fazenda, o que era raro. Sua filha mais velha, Adrienne d'Olive, ficou muito amiga de Elsa, a quem mandava cartas de Spa, Bélgica. Não sei se foi por incompatibilidade com o beberrão, mas o fato é que um dia, em abril de 1913, papai pediu as contas e foi-se embora com as duas filhas.

Antes, meu pai tinha estado em Vassouras, trabalhando numa fábrica de queijos que, pelo jeito, não deu certo. Em 1911 andou por Guaxupé, Minas Gerais, num emprego do qual se demitiu por saudades de mamãe e da família. Vi fotografias dele em Teresópolis e em Barra Mansa, malvestido e mal calçado. Outra demissão inesperada, como se verá mais adiante nesta narrativa, foi a de Pedra Branca, fazenda anexa à Forquilha. Nos intervalos dessas andanças, invariavelmente, Abaíba era o refúgio.

Por que essa instabilidade? Imagino que a causa principal era a insatisfação dele com a mesquinhez das ocupações que arranjava. Mas me pergunto: por que não conseguia coisa melhor, por que não pensava mais alto? Por que ficava naquela pasmaceira do interior do Estado, uma região decadente, sem sombra do fastígio do tempo dos barões e viscondes? Por que não foi nunca tentar vida nova no Rio de Janeiro, onde tinha amigos e irmãos já instalados? Por que se obstinava em não querer um emprego público, que acabou, em desespero de causa, tendo que assumir?

O fato é de que de todos os irmãos Teixeira de Castro, foi Luisinho o único que chegou ao extremo de ficar sem teto. Outros parentes, nesse tempo, ainda viviam à larga. A abolição da escravatura, por si só, não reduzira os donos da terra, igualmente, à pobreza. É difícil entender como a fortuna do barão de Pati de Alferes, sete fazendas e a certa altura com, dizia-se, mil escravos, pôde se esfarelar tão rapidamente.

Há um espaço entre a morte do visconde de Arcozelo (1891) e a venda de Monte Alegre (1911), sobre o qual faltam informações mais pormenorizadas. Morto vovô, os filhos receberam a herança, mas como ficaram tão pobres? Tio Francisquinho abandonou Arcozelo. Gostava mesmo era de criar cavalos de corrida, não tinha vocação para fazendeiro. Entre as preciosidades do visconde figurava uma primeira edição de *Don Quijote*, de Cervantes, que hoje não encontraria preço à altura em nenhum leilão, se é que se tratava mesmo de uma edição espanhola e não portuguesa. Por onde andará, se é que existiu? E que aconteceu com a fazenda Manga Larga? Seriam incompetentes todos os herdeiros?

Mesmo a perda da Piedade, depois de quase um século e meio em mãos da família Werneck, não era fácil de explicar. Estava esgotada e hipotecada, é certo, mas não vítima de má administração. Foi uma entrega dolorosa, meus pais levando umas poucas coisas, deixando para trás móveis valiosos, como uma enorme mesa de jacarandá, em torno da qual se reuniam, nos grandes tempos, os membros da família e alegre companhia comendo à tripa forra. Não podiam levar, porque não cabia mais nada na pequena casa do Abaíba.

Haveria talvez, de parte de meu pai, uma aversão profunda àquele negócio de fazenda, que tinha prosperado graças à escravidão e agora estava privado do seu "melhor capital", como dizia o barão de Pati. Impossível, sem dinheiro, pensar em trazer colonos, como faziam os paulistas.

Não consigo entender o que se passou com meu pai, a quem não faltavam inteligência, discernimento e visão da realidade, a do país e a do mundo. É para mim um mistério. Mas me aperta o coração imaginar esse homem na Piedade dos seus antepassados pioneiros, casado havia pouco com uma mulher admirável, vivendo naquele ermo, endividado e sem perspectiva, sem sequer a música de um piano. Adeus valsas de Strauss, operetas de Offenbach e concertos da Gewandhaus de Leipzig!

Não eram compensação suficiente as visitas a Monte Alegre, onde a mãe viscondessa, já viúva, ainda conseguia manter um trem de vida decoroso, à custa de empréstimos que não sabia como pagar. O jovem Luisinho conformava-se, sabe Deus como. Iria ficar ao léu, sem emprego estável, durante mais de dez anos.

Velhas Fazendas e a Prima Barbada

Tenho visto ruínas de fazendas, mas poucas tão impressionantes como as de Monte Líbano, que pertenceu a meu tio-avô, Manoel Peixoto de Lacerda Werneck, o tio Manduca. Foi comprada por um advogado do Rio de Janeiro, que a queria só para criar gado, e lá não punha os pés.

Fui lá com uma amiga da Caixa Econômica, que consegui convencer a me acompanhar. Descia-se numa parada da Linha Auxiliar da Central, de bitola estreita. Subia-se a cavalo, por um caminho cheio de buracos.

A fazenda estava praticamente abandonada. O térreo da casa era usado para dar refúgio ao gado, que se espantava à nossa chegada, como se não costumasse ver gente por ali. O jardim e o parque conservavam pálidos sinais da beleza antiga. Em torno da casa ainda havia uns restos do arvoredo e umas palmeiras. A vista, lindíssima, compensava aquela aventura arriscada de chegar lá. Era uma paisagem deslumbrante.

Ruínas não faltavam na região. Como as da fazenda do Ribeirão, perto do Abaíba, as do Japão também impressionavam.

Por que Japão? Era originalidade de um Antônio Ribeiro de Avelar, que viajava muito (mais do que o freqüente na família) e tinha ido até o Extremo Oriente. Seu filho, a quem tratávamos de tio Antonico do Japão, dava festas que — dizia-se com evidente exagero — duravam até um mês. Cheguei a ver a casa, de madeiramento comido pelos cupins e com as paredes ameaçando desabar, como cartas de baralho. Encontrei ruínas bem diferentes em Mangaratiba, casas lindas, as fachadas mantidas em pé pelas árvores que nelas firmavam seus galhos.

As fazendas em geral não eram muito distantes umas das outras, de modo que os parentes se visitavam com relativa assiduidade. Havia as grandes, como Monte Alegre, Pau Grande, Secretário, Ubá, esta muito usada como uma espécie de entreposto para a ligação do Abaíba com o Rio, para recebimento e remessa de mercadorias diversas, depois da construção da Estrada de Ferro Central do Brasil, já que a estação de Andrade Pinto ficava ali perto. Havia as fazendas pequenas, muito numerosas, restos de antigos latifúndios. Chamavam-se Boa Esperança, Guarani, Vera Cruz, São José, Oriente, Sucupira, Ferme, Monte Azul, Calunga, Guaxe... Estou enumerando meio ao acaso. Todas me eram familiares na juventude.

Entre as velhas fazendas fluminenses houve três com o nome de Maçambará, precedido do nome de um santo: São Fernando, São Luís e São Francisco. Maçambará é um povoado, hoje distrito, do município de Vassouras, perto de Comércio. O solar de São Fernando de Maçambará, construído por Fernando Luís dos Santos Werneck, se mantém na sua beleza original, como se pode ver no livro *Fazendas,* da editora Nova Fronteira.

Maurício de Lacerda Filho, a quem tratávamos de Mauricinho, um excelente *causeur,* nos divertia contando a história de certa "prima barbada de Maçambará". Incluía o detalhe de que duas mulheres, debulhando sabugos de milho, tinham sido vistas havia pouco tempo na sala de uma fazenda, em cuja parede estava pendurado o retrato de uma ex-dona, nossa prima, vestida como grande dama, e que ostentava uma vistosa barba. Quem seria? Nunca consegui descobrir.[20]

Algumas belas sedes de fazendas se mantiveram e foram restauradas graças a novos proprietários esclarecidos e cultos, como foi o caso de Monte Alegre, que, depois de pertencer a tio Joaquim Ribeiro, chegou a ser hotel.

As medições de terras, que às vezes davam motivo a brigas, eram feitas no tempo de meus avós por um alemão chamado Metzinger, que podia ser bom técnico, mas causava grandes confusões porque escrevia as suas notas num português todo errado. Cada vez que havia um desentendimento, as duas partes organizavam verdadeiras caravanas para a negociação, levando até cozinheiros. As duas pessoas mais importantes eram o "piloto" (o tal alemão) e o homem que segurava a corda de medição. Tudo para fixar bem os limites das propriedades.

---

20. A dúvida de minha irmã foi, afinal, esclarecida. Roberto Menezes de Moraes trouxe ao organizador deste livro uma informação definitiva sobre o assunto da "prima barbada de Maçambará". Ainda jovem, ele ouviu rumores sobre o retrato de uma Werneck vassourense que teria barba e bigode. E mais: dizia-se que, no momento de posar, vaidosa do seu ornamento capilar facial, fez o pintor esperar uns dias para que a barba encorpasse mais. Anos depois, uma pessoa da família Leoni Werneck falou a Roberto na existência do tal retrato, e outra fonte lhe revelou que essa tela tivera os olhos furados para servir como máscara. Mais tarde, veio-lhe às mãos a fotografia inédita que ilustra este livro, feita pelo corretor Artur Mário Viana, que viajava acompanhado pelo historiador Fernando Tasso Fragoso Pires, os dois de passagem pela fazenda de Maçambará, dita "de Cima". A foto reproduz uma pintura jogada no chão da sala de visitas. Era, sem dúvida, o retrato de Maria Francisca das Chagas Werneck, dona da fazenda de

São Luis de Maçambará, filha de Manoel Vieira Machado e Rita Peregrina dos Passos Werneck — portanto duplamente Werneck, por parte de mãe e, ainda, pelo casamento com Francisco Luis dos Santos Werneck. O casal teve três filhos. Maria Francisca faleceu em 1866.

Sua pose no retrato faz lembrar o da baronesa de Pati do Alferes, pintada, como o marido, pelo então famoso Charles-Joseph Barandier (França, ? — São Paulo, 1867): ambas em traje de gala, sentadas, com os braços apoiados nos braços da cadeira, colar de brilhantes, nas mãos o leque e o lenço de praxe. Barandier radicou-se no Rio de Janeiro na década de 1840, participou de várias exposições na Academia Imperial de Belas Artes e especializou-se em retratar personalidades da corte e fazendeiros ricos, na maior parte em telas sem assinatura. *(N. do org.)*

A Descoberta do Paraíso

Por volta de 1914, meu pai encontrou um trabalho ainda modesto, mas condigno pelo ambiente amigo que o cercaria. Acontece que Júlio dos Santos Paiva, dono da Forquilha, uma fazenda de café ainda produtiva no município de Santa Teresa de Valença, atual Rio das Flores, convidou-o para tomar conta da Pedra Branca, outra fazenda, menor, do mesmo proprietário. Não foi um convite casual. Júlio Paiva o conhecera e ficara impressionado com o fato de aquele homem culto e educado, casado com uma senhora tão distinta, estar vivendo tão mal. Não lhe oferecia nenhum grande emprego, mas papai aceitou. Os Paiva eram boa gente, muito franca e acolhedora. Nossas famílias iriam unir-se mais tarde, pelo casamento de Elsa com João de Lacerda Paiva, filho de *seu* Júlio.

A relação foi o ponto de partida para uma grande mudança em nossa vida. No entanto, apesar das boas relações com os Paiva, papai, um belo dia, pediu demissão do trabalho na Pedra Branca. Anos depois, uma das Paiva me contou que *seu* Júlio, surpreendido, perguntara:

"Será que ele se zangou comigo?" Não era isso, era a inquietação inexplicável de papai.

Dali ele foi trabalhar na prefeitura de Barra Mansa, levando a mamãe e a mim. (Elsa estudava no Colégio Vilares, em Niterói; Joaquim estava no Rio, desempregado, e Luís, ganhando pouco como professor, o ajudava.) Em Barra Mansa nasceu Moacir. Para mim foi uma completa surpresa, pois nem percebi que mamãe usava uma bata em vez de blusa, para disfarçar a gravidez.

Morávamos numa casa à beira do rio Paraíba. Lá em Barra Mansa assisti pela primeira vez à missa numa igreja. Uma boa lembrança desse tempo é que eu ia muito ao cinema, como amiga da filha do dono da única sala da cidade. Passavam filmes europeus, alguns dos quais se tornaram clássicos, hoje só vistos em cinematecas. Mais tarde, em Brasília, assistindo a um curso de cinema dado por Paulo Emílio Salles Gomes, eu era apontada como curiosidade: "Ela viu esse filme!". E havia uma igreja onde eu ia à missa, inexistente no ermo do Abaíba.

Foi então que começou a tomar corpo a nossa ida para Blumenau. Não era possível papai continuar naquela vida insegura. Uma série de circunstâncias se conjugaram a nosso favor. Júlio Paiva, já muito amigo nosso, apesar de nossa saída da Pedra Branca, era cunhado de Sebastião Lacerda, ministro do Supremo Tribunal Federal e ligado a líderes políticos, entre os quais Lauro Muller, catarinense, na época ministro do Exterior. Vagara a Coletoria Federal de Blumenau, ao se descobrir um desfalque do titular, logo demitido. Meu pai foi então indicado, para o que tinha bons títulos: primeiro, a honestidade, e, segundo, o perfeito conhecimento do alemão. Era um cargo ótimo, com o ordenado de R$ 1.200 (um conto e duzentos mil-réis), então uma quantia considerável para o nível de remuneração do funcionalismo público. A nomeação saiu por decreto do ministro da Fazenda, Pandiá Calógeras, de 9 de dezembro de 1915.

De imediato, o problema era arranjar dinheiro para a fiança exigida pelo cargo, seis contos de réis, e para a viagem. Valeu-nos, providencialmente, um empréstimo de primo Osvaldo, filho de tia Tita, bem colocado na empresa Lage. (Ficava mais uma dívida com a nossa rica tia Davina, além de outras, e de jóias no prego.)

Antes de embarcar rumo ao Sul, passamos dez dias generosamente hospedados na casa de doutor Sebastião Lacerda, à rua do Leão, 30, em Laranjeiras (atualmente rua Sebastião Lacerda). Estreitaram-se as nossas relações com as famílias Lacerda Paiva e Paiva Lacerda. (O ministro era casado com uma irmã de *seu* Júlio Paiva, e este com uma irmã do ministro, Silvina, conhecida como dona Vinoca, mãe do meu futuro cunhado João de Lacerda Paiva.) Todos os dias o ministro mandava nos buscar, a mim e a uma sobrinha, para assistirmos ao final da sessão do Supremo, onde me impressionava a imponência dos juizes, vestidos com aquelas togas solenes. Às vezes íamos a um cinema na avenida Central, ou fazíamos o *footing*. Tudo era novidade. E o mar, um deslumbramento.

Papai achava que aquela nomeação lhe viera "por um acaso", porque ele não tinha sorte para empregos. Mas de fato tirou a sorte grande, mesmo não querendo saber de ser funcionário público.

Afinal embarcamos para Santa Catarina: meus pais, Joaquim, Elsa, eu e Moacir, ainda de colo. Viajamos no navio *Anna*, da Companhia Hoepke, que fazia a linha Rio-Florianópolis. Elsa tinha muito medo de sermos torpedeados, mas eu tomava ares de quem sabia das coisas: "Que nada, o navio é de alemães..."

Descemos em Florianópolis, onde estavam morando os tios Mário e Luísa. A casa ficava no continente, não na ilha; era uma chácara grande, cujos fundos davam para uma praia linda. Passávamos o maior tempo lá, pois banho de mar ainda era uma novidade para nós, mesmo depois do Rio; e a convivência com os primos, um prazer.

Fomos para Blumenau de carro, puxado por cavalos; menos papai, que tinha ido na frente para alugar casa e tomar outras providências.

A Grande Guerra, como então se chamava a Primeira Guerra Mundial (1914-1918), estava em seu segundo ano. No Sul do Brasil, de colonização alemã, o pangermanismo, que aspirava à proclamação de uma Alemanha Austral, representava uma ameaça, estimulada pela perspectiva da vitória dos exércitos do Kaiser Guilherme II. Um dos que haviam alertado para o perigo, já de longa data, era Sílvio Romero, em cujos livros meu pai alimentava suas convicções nacionalistas. O governo central, empenhado em abrasileirar a região, fechara as escolas germânicas em Santa Catarina, que contavam com professores alemães de nível universitário, e criou em Blumenau o Grupo Escolar Luís Delfino.

Ali eu estudei, entrando logo para o segundo ano, em 1916. De vez em quando me chamavam para ensinar português aos alunos de outras classes, pois eles vinham de escolas onde professores alemães de nível universitário ensinavam em alemão. (Com o fechamento das escolas germânicas, esses professores foram mandados de volta à sua terra.) No Grupo Escolar Luís Delfino, fruto da campanha de "abrasileiramento" dessa região de Santa Catarina, o alemão passou a ser ensinado como língua estrangeira.

Herr Castro, como meu pai ficou conhecido (em Santa Catarina resolveu abolir o Werneck, que o aparentava à Alemanha), convivia sem problemas com o pessoal da terra. Gastava o seu alemão erudito, enquanto o comum dos teuto-brasileiros locais falava uma meia-língua estropiada, com um forte sotaque e cheia de erres. Diziam, por exemplo, "enkrrenke" (encrenca), "kadernet" (caderneta), "konversarren" (conversar) etc.

Mas o importante é que ele se impôs rapidamente pela seriedade e competência no trabalho, em contraste com a situação que encontrara na Coletoria Federal. Enfrentou com êxito os problemas burocráticos e tributários, para ele novos, que eram inerentes ao cargo.

Para nós, depois dos tempos difíceis que a família tinha atravessado, aquela cidade era o paraíso. Moramos alguns meses numa casa do bairro da Velha, distante da Coletoria. Depois alugamos outra, na chamada Vorstadt, onde iríamos ficar até o fim de nossa estada de dez anos em Blumenau. Era uma casa toda de madeira pintada de azul, com ornatos rendilhados, que ainda hoje é um cartão-postal da cidade. Fora construída pelo seu proprietário, o marceneiro Gropp, que morava ao lado. Conservou-se bem, graças aos cuidados da família Viana, que a comprou depois que nós a deixamos. Era bastante espaçosa e tinha uma varanda no andar superior: ficava à beira da estrada para Itajaí e perto do rio Itajaí-açu.

Além dos móveis que já tínhamos, papai comprou uma mobília melhor para a sala de visitas da casa nova. Era obra de uns artesãos italianos instalados em Blumenau, com cadeiras de madeira e palhinha, o que havia de moderno, no estilo conhecido como Mackintosh.

Meu irmão Luís apareceu para nos visitar em 1917 e achou tudo ótimo. Primogênito, nascera em Monte Alegre, em 11 de junho de 1893, num quarto que um dia mamãe me mostrou. Os pais viam nele a própria perfeição, a sensatez em pessoa, e desejavam que os outros filhos fossem iguais a ele. Da primeira juventude de Luís, como da de Joaquim, eu na verdade pouco sabia. Desde cedo eles viveram no Rio, estudando e trabalhando. Com 12 anos Luís era aluno dos Salesianos, em Niterói, e pagava o colégio sendo inspetor de menores. Um dia Joaquim nos surpreendeu contando que ia "à casa de Luís": assim ficamos sabendo que Luís tinha casa. Joaquim andou trabalhando numa companhia de seguros e morava na pensão das primas Montemor, na avenida Henrique Valadares (depois elas se mudaram para a rua Correia Dutra, onde morei com Liginha, e Moacir também morou). Joaquim seguiu a carreira de jornalista e se formou em Direito. Luís foi jornalista; trabalhou na agência telegráfica Havas e nos jornais de esquerda *A Rua* e *A Voz do Povo*; estudava engenharia na Escola Politécnica, chegou até o terceiro ano; ensinou matemática no Ginásio Pio Americano, do doutor Mário de Toledo Fonseca, em São Cristóvão. Houve um período, como mandou contar, em que dava uma média de nove aulas por dia, entre colégio e particulares.

As cartas de Luís eram bem escritas, ora batidas à máquina, ora manuscritas, com uma bonita letra e sem nenhuma rasura. Minuciosas e ordenadas, contavam casos e até davam conselhos ao pai. Assim, ao saber que este se demitira do emprego de administrador na fazenda dos Correia e Castro, escreveu para comunicar que em conseqüência disso ele, Luís, teria que largar o estudo de engenharia e dedicar-se com exclusividade ao magistério, pois não poderia mais, ao mesmo tempo, estudar e trabalhar. Tudo sem uma queixa. Dizia ao pai, do alto dos seus vinte anos (era em 1913): "Não se preocupe com o Joaquim (...) Viver é lutar. Ainda não é desta vez que devemos desesperar". Quando, mais tarde, depois de uma decisão arbitrária, o pai foi afastado e, a seguir, reintegrado na Coletoria de Blumenau, o filho preveniu: "Os seus inimigos não vão se conformar. Estão com o caroço a lhes entupir as goelas".

Embora fosse de natural seco, ou pelo menos discreto e avesso a efusões sentimentais, mandava sempre "beijos ao Moacir" e diz numa carta que Joaquim lhe contou muitos casos do menino, que lhe deram saudades. Em janeiro de 1922 escreve uma carta de seis páginas a mamãe, transcrevendo até diálogos.

Na primeira visita a Blumenau, logo depois de nossa instalação, ele tratou de uma doença que Elsa e eu achamos misteriosa, e sobre a qual havia conversas em voz baixa. Joaquim também estava, e aproveitou-se a ocasião para tirar um retrato de família. Achei horrível a arrumação, parecendo que ser fotografado era um castigo, todos hirtos, menos o pequeno, o único que estava à vontade.

Luís voltou a Blumenau mais uma vez antes da última, em 1925, quando organizou a nossa mudança de volta para o Rio de Janeiro, na condição de chefe da família.

Mas nem sempre as relações familiares com ele foram perfeitamente harmoniosas. Em 1923, Luis teve uma atitude que contrariou principalmente papai, mas nos desgostou a mamãe, a Elsa e a mim. Foi quando ele desfez subitamente o noivado com uma moça chamada Noca, muito nossa amiga, mediante uma breve carta ao pai dela, na qual mencionava como causa uma não explicada falta da moça e dizia que o rompimento seria em benefício dela. Talvez tenha sido mesmo assim, pois Noca veio a se casar muito bem. Mas para papai educado em princípios mais antigos, era uma decisão injustificável, de que ele se queixou com palavras severas em carta a Elsa.

Nunca soubemos o motivo real dessa atitude de Luis. Devia ser algum "caso" no Rio. Só mesmo mamãe, muito ingênua, não desconfiou quando o filho, tendo encomendado uma roupa de cama de Blumenau, reclamou, ao recebê-la, que os lençóis não chegavam para a cama: eram de solteiro.

A Índia Korikrã e a Civilização

Nossa adaptação à vida de Blumenau foi fácil. Eu logo fiz amizade com umas alemãzinhas da maior simpatia. Uma delas era Ilse Paul, bisneta do naturalista Fritz Müller, colaborador de Darwin; outra, uma amiga dela, também teuto-brasileira. Num baile de Páscoa (o carnaval era pouco festejado), em 1923, Ilse inventou fazermos o corso fantasiadas de gregas, desfilando de automóvel pela rua das Palmeiras. Papai achou muita graça naquele grupo de mocinhas, uma loura, outra com "cabelo cor de cenoura" e a terceira, eu, bem morena — todas fingindo que eram Helenas de Tróia, com tiaras na cabeça.

Não tenho a pretensão de fazer aqui uma narração minuciosa, com fatos em ordem cronológica ou de importância, mas simplesmente escrever ao sabor da memória, com o grande esforço que os meus 92 anos de hoje exigem.

Meu pai mantinha relações cordiais com alguns teuto-brasileiros de bom nível cultural, como o doutor Hugo Gensch, um médico que morava na Vorstadt, pouco adiante de nossa casa, por onde passava freqüentemente. Era corpulento e afável, usava uma vasta bigodeira e tinha uma viva simpatia pelos índios, então vítimas de ferozes ataques dos "bugreiros". Adotara uma indiazinha da tribo Xokleng, capturada numa dessas incursões predatórias, e criava a menina como se fosse da família. Ela chamava-se Korikrã e fora batizada como Maria Gensch; mal falava português, só alemão e um pouco de francês. Em 1914 foram estabelecidas relações pacíficas com os Xokleng, por obra do dedicado antropólogo Eduardo Hoernhan. A imprensa noticiou, com alívio, o fim dos conflitos que haviam marcado o relacionamento entre os indígenas e os colonos desde a fundação do município.

Esse mesmo Hoernhan, uns anos mais tarde, levou a mocinha, acompanhada pelo dr. Gensch, para conhecer seus pais verdadeiros. Na ocasião, Elsa e eu soubemos por alto do caso, mas anos depois, quando eu trabalhava na Universidade de Brasília, tive conhecimento de tudo o que acontecera, segundo foi relatado pelo próprio Hoernhan a Darcy Ribeiro, que reproduziu a história no seu livro *Os índios e a civilização*, publicado em 1970.

Foi uma cena horrível. Os índios não queriam acreditar que aquela moça civilizada, vestida com apuro, fosse da tribo deles. Só a reconheceram depois que viram, à força, uma marca tribal que ela trazia na rótula. A jovem, por sua vez, ficou amedrontada. Um velho, que parecia ser o cacique, perguntou-lhe: "Você não me reconhece? Eu sou seu pai." Ela continuou apavorada. O homem, então, agarrou a cabeça da menina, depois afastou-a com um safanão e falou: "Eu estou vendo, você tem nojo de mim, você tem nojo de toda a tua gente." Cada vez mais assustada, Korikrã voltou com o pai adotivo para casa. Morreu tuberculosa aos 42 anos. Era esquiva, e nunca cheguei a ter uma conversa com ela.

Não foi pequeno o número de crianças índias trazidas para Blumenau pelos "bugreiros" e que acabavam se "arianizando". Um e outro índio ainda podia ser encontrado nas ruas da cidade. Negros eram raríssimos.[21]

Com freqüência se viam italianos ou seus descendentes, vindos das colônias estabelecidas em municípios próximos, como Nova Trento. Lembro de uma empregada que tivemos. Sucedeu a uma outra, de breve duração, que foi despedida porque bebia muito; deixou na conta do armazém várias garrafas de cachaça e até de vinho do Porto. Maria, a nova empregada, filha de italianos, era séria e imponente de aspecto, educada e de bom trato. Um dia veio nos contar que estava noiva do senhor Pellizetti, deputado estadual, membro de uma abastada família de agricultores de Rio do Sul, já conhecido de papai. Surgiu o problema: onde é que o deputado visitaria a noiva? No quarto dela ou na varanda? Resolvemos sem hesitação que seria na sala de visitas. E assim foi. Casaram-se. Mas Maria, coitada, não foi feliz: morreu um ano depois, de parto.

Entre os brasileiros, um dos interlocutores prediletos de papai era o historiador José Ferreira da Silva, que iria doar seu valioso arquivo à Fundação Casa Doutor Blumenau. Também fizemos amizade com a família do major Barcelos, cuja filha Avani, futura senhora general Cordeiro de Farias, foi grande amiga de Elsa. Outro que nos visitava muito era o engenheiro Gilberto Santos Neves, que tinha ido para Blumenau quando o governo brasileiro foi substituindo aos poucos os técnicos alemães que trabalhavam na estratégica estrada de ferro Blumenau-Hamonia. Dois membros da família Luz com quem nos dávamos — parentes do governador e chefe oligarca Hercílio Luz mas sem muita ligação com ele — eram Amadeu Luz, juiz de direito, e Alfredo Luz, diplomata aposentado, que tinha uma bela casa, cheia de objetos requintados, onde eu vi pela primeira vez, para meu espanto, felizmente mudo, um quadro cubista.

Mamãe se adaptava com gosto à vida nova. Gostava de ir à casa Husadel, no centro, para comprar presentes. Era uma alegria para ela, que por tanto tempo não tivera dinheiro que lhe permitisse esse pequeno prazer. Já se gabava de saber um pouco de alemão. Papai caçoava dela: brincando, contava que uma certa senhora alemã comentara que ainda era muito cedo ("*früh*") e mamãe a entendera dizer que estava muito frio. Moacir falava um dialeto especial com o seu amigo Erich Gropp, filho do nosso vizinho, sua constante companhia para caçar passarinho no mato atrás de casa e tomar banho de rio.

Alugou-se um piano, no qual comecei a estudar com o maestro Heinz Geyer, que tinha sido regente da Orquestra de Heidelberg, e depois com uma senhora amiga, Dagmar Renaux, muito boa pianista. Esse aprendizado me foi muito útil: continuei até o oitavo ano do curso de piano do Instituto Nacional de Música, do Rio de Janeiro. Não se usava então "trancar matrícula" e eu larguei o estudo para trabalhar, o que foi causa de desapontamento de um professor que, modéstia à parte, me atribuía talento como intérprete.

Mamãe tocava as suas músicas prediletas, entre as quais "Os Patinadores", de Waldteufel, e "Espanha", de Chabrier, bonitas melodias que ainda hoje se ouvem de vez em quando no rádio. Elsa também tocava, não tão bem, ou cantava músicas sentimentais, como o "Luar de Paquetá" e "Uma casinha pequenina". Eu, com minhas horas e horas de estudo, tornava cansativo para os outros o meu repertório de Chopin, Beethoven, Grieg, Mendelssohn... Moacir, que começara a falar, logo depois se expressava razoavelmente. A boa memória e o bom ouvido faziam com que ele cantasse pela casa, alegremente, as músicas de dança que Elsa tocava no piano, acrescentando ao repertório velhas modinhas que papai lhe ensinava, como "Vem cá, Bitu" e "Cabocla de Caxangá". O olhar enternecido e o sorriso doce do pai traduziam o carinho extraordinário que tinha por aquele filho temporão.

Eu gostava de desenhar, uma inclinação artística que só se desenvolveria muito tempo depois. Em Blumenau, fui além do que se aprendia no Grupo Escolar, e, estudando com a professora Alice Werner, me familiarizei com a técnica do chamado *crayon Conté*. Copiava reproduções de obras de pintores clássicos, publicadas em revistas alemãs, usando sempre o negro forte do *crayon*. Joaquim sonhava publicar um livro de versos e queria que eu fosse a ilustradora. A flora subtropical de Santa Catarina me trazia revelações: foi em Blumenau que vi, pela primeira vez, uma azaléia. Mas não me ocorria ainda pintar plantas e flores.

Às vésperas da eleição de 1922 nos reuníamos em redor do piano, toda a família, para cantar a marchinha de oposição à candidatura de Artur Bernardes à Presidência da República, que dizia: "Ai, seu Mé, ai, Memé / Lá no Palácio das Águias, olé, / Nunca hás de pôr o pé". De nada valeu nosso entusiasmo, porque daí a pouco Bernardes, o "seu Mé", assumia no Palácio do Catete a Presidência da República.

Meu pai simpatizava com os tenentistas rebeldes dos anos 20; tinha em política idéias não conformistas. Penso que ele devia carregar como um fardo o descender de senhores de escravos. Era o que deixava transparecer tomando partido ao ver alguém oprimido ou injustiçado. Por isso o perseguiram. Assinava a revista *Simplicissimus*, de Munique, que satirizava a alta burguesia alemã, e jornais do Rio e de São Paulo. Não esqueço um dia em que me leu no *Correio Paulistano* uma notícia sobre a revolução russa, já vitoriosa, e, seguro de si, disse à filha menina:

— Não haverá mais injustiça sobre a terra!

Ah, ilusão!

21. O antropólogo Sílvio Coelho dos Santos, autor de *Os índios Xokleng — Memória visual* (Editora da UFSC, 1997), o maior estudioso do povo Xokleng, mostra que esses índios, que habitaram Santa Catarina, Rio Grande do Sul e Paraná, já tinham língua, cultura e território que os diferenciavam de outras tribos indígenas, como os Guarani e os Kaingang. "O nome Xokleng é apenas uma palavra de seu vocabulário pelo qual eles foram identificados na literatura antropológica. Regionalmente, continuaram a ser os Botocudos, em conseqüência de um enfeite labial , denominado tembetá, ou os Bugres, termo pejorativo também dado pelos brancos", escreve Sílvio Coelho dos Santos. E mais: "Intensificando-se a colonização em Santa Catarina com a instalação das colônias Blumenau (1850) e Joinville (1851), a cada dia mais terras eram tomadas aos Xokleng (...) À falta de como prover suas necessidades alimentares, os indígenas passaram a assaltar as propriedades dos colonos. Ou a atacá-los em seus locais de trabalho e de trânsito. Neste contexto, a violência se exacerbava. A terra estava sendo usurpada ao índio pela força."
Os bugreiros ("batedores de mato", segundo o eufemismo oficial) eram grupos de extermínio financiados pela colônia alemã, com o apoio, em certa época, do governo provincial. Conforme o jornal de língua alemã de Blumenau, *Der Urwaldsbote*, constituíam um obstáculo à colonização e às comunicações entre o litoral e o planalto, tornando-se pois necessário "acabar radicalmente, o mais depressa possível, com esse estorvo". Para comprovar o número de índios abatidos, os bugreiros costumavam cortar as orelhas dos homens, trazendo-as em salmoura; também tiravam fotografias das vítimas, que exibiam como troféu. O seqüestro da menina Korikrã efetuou-se num desses ataques. *(N. do org.)*

As Greves: Prisão e Morte de Joaquim

Blumenau progredia. Quando lá chegamos, já circulava o primeiro ônibus-automóvel, ligando o centro da cidade ao bairro de Altona, com doze lugares sentados e dois em pé. Entra em operação a usina hidrelétrica Salto, de uma empresa particular. Inaugura-se um serviço telefônico que funciona até as vinte horas. A campanha de "abrasileiramento", apesar das dificuldades, desenvolvia-se. Os jornais em língua alemã deixaram de circular em outubro de 1917, por decreto governamental. Uma estatística revela a população do município: 59.569 habitantes, com maioria de evangélicos, sendo 57.780 o número de brasileiros natos.

Nós não escaparíamos, porém, aos problemas de uma época conturbada pelos efeitos locais da Primeira Guerra Mundial e pelo predomínio de uma oligarquia comandada pelo caudilho Hercílio Luz, que foi governador do Estado de 1918 a 1921. Quando meu pai já era coletor federal havia quase cinco anos, gozando do melhor conceito pela sua seriedade, ocorreu o inesperado. Em junho de 1920, os trabalhadores da Empresa Industrial Garcia, mais tarde Hering, declararam-se em greve por aumento de salários. Eram quase todos alemães, ou teuto-brasileiros, e a liderança estava sob a influência do anarquismo, então ainda preponderante nos meios operários europeus. Mas suas demandas contrariavam o regime patronal vigente, que negava todos os direitos aos assalariados.

O delegado de Polícia, Luís de Freitas Melro, um nordestino dos raros que apareciam no Sul, era freqüentador de nossa casa e se fazia de amigo de papai. Revelou seu mau-caráter quando comandou a repressão ao movimento grevista, considerando-o, segundo um artigo publicado no pasquim *Brazil*, de agosto de 1920, como "atentatório aos interesses da família blumenauense e à integridade nacional" (!). Dois dos líderes operários, Fritz Koch e Georg Sterneck, foram denunciados como anarquistas e presos. O movimento, no entanto, encontrou alguma simpatia. O *Blumenauer Zeitung* foi, no princípio, favorável aos operários, inclusive transcrevendo um artigo do *Deutsche Zeitung*, do Rio de Janeiro, que dizia não tratar-se de agitadores, mas de "pobres homens cujo crime foi o de pensarem diferentemente da camarilha dominante".

Meu pai apoiou a causa dos grevistas. O delegado Melro, no mesmo jornaleco, denunciou em manchete "o coletor federal Castro" como bolchevista e, para dar credibilidade à afirmação, citou conversas supostamente ouvidas por ele em nossa casa. Sem qualquer sindicância, papai foi suspenso do seu cargo, e suspenso ficou por seis meses, sem receber vencimentos. Quem o ajudou a transpor esse período de dificuldades financeiras foi o nosso senhorio e vizinho, *Herr* Gropp, que lhe avalizou letras. Eu, com 17 anos, apesar de minha inexperiência, tive de cumprir algumas de suas tarefas na coletoria, com auxílio de um fiscal, sr. Pedro.

Koch e Sterneck foram mandados presos para o Rio de Janeiro, e de lá, sem processo, por uma simples portaria do ministro da Justiça, deportados para a Alemanha, com suas mulheres, que "concederam" em partir junto, e seus seis filhos já nascidos no Brasil, o que era uma monstruosidade.

Meu pai foi reintegrado graças à atuação de amigos na Capital da República. Teve, porém, de pagar nova fiança (desta vez com dinheiro emprestado por primo Antônio Gomes Ribeiro de Avelar, que no entanto tinha fama de pão-duro, coitado). Custou muito a receber os "atrasados". O tal delegado ainda teve o cinismo, depois de tudo, de me tirar para dançar num baile no Hotel Holetz; recusei, o que era uma ofensa grave. Papai não comentou nada, mas no dia seguinte mamãe me disse apenas:

— Seu pai ficou muito contente com você, ontem.

Esse delegado Freitas Melro, entretanto, não foi o único a ser canalha conosco. O jornalista Alfred Baumgarten, diretor do *Blumenauer Zeitung*, também freqüentador de nossa casa, que defendera a causa dos trabalhadores grevistas, criticando os "patrões gananciosos" e a arbitrariedade policial, de repente mudou de posição e publicou no mesmo jornal, em 25 de outubro, uma retratação, na qual atacava papai. Dizia ele ter sido "ilaqueado na sua boa-fé", por pessoas que o tinham feito "vil instrumento para vinganças mesquinhas", etc. Protestava contra aqueles (alusão a meu pai) que, "pretextando falsa amizade, colocaram-me na contingência de confessar de público a minha leviandade na direção de um órgão de imprensa desta cidade". É fácil imaginar que esse infeliz, um caráter fraco, para dizer o menos, não soube resistir às fortes pressões que recebeu para cometer essa baixeza.

Elsa também se habituou rapidamente à vida nova em Blumenau. Nascida em 29 de setembro de 1900, em Vassouras, ela era afeita à vida de fazenda, principalmente, como eu, no Abaíba. Tinha-se ligado muito à família Lacerda Paiva, tanto que namorara, discretamente, à maneira do tempo, um dos filhos de *seu* Julio, João, com quem se casou. Foi um amor de toda a vida. Ela o conheceu na adolescência, convivendo com a família dele na fazenda da Forquilha, durante uma das andanças de meu pai por aquelas bandas. Trocavam uma cerimoniosa correspondência; em certa ocasião ela mandou um retrato ao namorado, em que lhe assegurava uma "imensa amizade". Como noivo, João foi visitar a futura esposa.

O casamento deu motivo à maior festa que meus pais promoveram durante nossa estada em Blumenau. Foi em 15 de agosto de 1923. Teve participação de gente do Rio, os padrinhos Raul Lacerda e Julieta (Juju) Paiva, respectivamente primo e irmã de João, além de tio Mário, que veio de São Paulo. Foram morar na Forquilha, da qual João, representando a mãe, dona Vinoca, e demais herdeiros de Júlio Paiva, era administrador. Mas não na sede da fazenda, e sim numa casa contígua, bastante confortável.

Em 1924, ocorreu uma nova tentativa de greve dos operários têxteis, e mais uma vez nossa família foi atingida, com a prisão de Joaquim. Ele viera morar em Blumenau, montando banca de advogado e simultaneamente mantendo a sua condição de jornalista (tinha trabalhado em jornais no Rio e sido um dos fundadores de *O Dia*, de Curitiba). Aceitou defender a causa dos tecelões, que pleiteavam aumento de salários e melhores condições de trabalho. Nessa qualidade compareceu a uma assembléia, onde fez um discurso defendendo os trabalhadores. Estava acompanhado do barão von Maltzahn, um jornalista alemão que vivia há algum tempo em Blumenau, escrevendo para jornais social-democratas alemães e para o *Blumenauer Zeitung*. Era um personagem interessante, que chegara com uma apresentação de Else von Lasker-Schüller (1876-1945), considerada uma das maiores poetisas líricas de língua alemã, comunista e judia, exilada após a implantação do nazismo e mais tarde emigrada para a Palestina. Von Maltzahn era jovem e culto, passava horas conversando com papai.

Joaquim e ele foram presos no princípio de agosto. Quem os interrogou foi o famigerado delegado Freitas Melro, que quatro anos antes perseguira papai por ocasião do caso Koch-Sterneck. Eis como o próprio Joaquim contou, em carta, o interrogatório:

"— Dr. Joaquim de Castro, o senhor é operário?

— Não, senhor.

— Barão von Maltzahn, o senhor é operário?

— Não, senhor.

— Então estão presos, à ordem do governador do Estado."

Não sendo operários, não podiam estar na assembléia...

Ao ser mandado para o Rio, antes da viagem Joaquim passou por nossa casa num automóvel, sob a guarda de dois soldados armados, e apanhou a clássica maleta de preso, com pijama, escova e pasta de dentes, e mais um romance francês, de Paul Bourget. Ficou detido na Polícia Central, na rua da Relação, esquina de Inválidos. De lá, pela janela, avistava nostálgico a pensão das primas Montemor, na avenida Henrique Valadares, onde estivera hospedado. A primeira pessoa da família que o descobriu lá e conseguiu visitá-lo, levando roupas e doces, foi tia Sinhá Pequena, que com esse gesto se reabilitou de certas maldades cometidas com mamãe, irmã dela, no Abaíba.

As boas relações que Joaquim tinha feito no Rio não tardaram a se manifestar, intercedendo junto ao ministro da Justiça e fazendo chegar ao amigo colchão, travesseiro, roupa de cama, comida etc. Afinal ele foi solto. Os amigos que o ajudaram, como citou depois num artigo, foram os jornalistas Barbosa Lima Sobrinho, Azevedo Amaral e Luís Guimarães, o advogado Roberto Lira, o deputado Georgino Avelino e o senador João Lira, entre outros; mas fazia questão de desmentir que o poderoso político situacionista catarinense Adolfo Konder, futuro governador do Estado, tivesse influído em seu favor.[22]

Da Capital da República, já em liberdade desde a antevéspera, escreveu ao pai em 11 de setembro de 1924:

> O João Luís (João Luís Alves, ministro da Justiça), que me conhecia ligeiramente, me deu uns conselhos e soltou-me. Disse-lhe que agradecia, mas não podia aproveitá-los, porque não sou anarquista. Contei-lhe então todos os fatos que se passaram e a minha ação contra os pangermanistas. Se a censura permitir, amanhã sairá na *Gazeta* uma nota minha sobre o Maltzahn, cujo paradeiro ainda não sei. Essa canalha daí naturalmente pensou que ia me prender por um mês ou mais, porém enganou-se.

O barão von Maltzahn foi expulso do Brasil e refugiou-se na Argentina. De Buenos Aires, numa carta de 18 de maio de 1936, dirigida a meu irmão Luís, ele ainda insistia em defender o seu caso perante a Justiça brasileira para poder voltar ao país, pois não havia nada provado contra ele. "Não quero deixar sem contestação os insultos que o *Urwaldsbote* escreveu a meu propósito, depois de minha expulsão, nem morrer de fome em Buenos Aires", concluía. Foi a última notícia que tivemos desse barão, de nobreza legítima, porém esquerdista, fora dos moldes clássicos das operetas.

O conhecimento do alemão permitia ao coletor Castro manterse a par do movimento de idéias na Alemanha do primeiro pós-guerra. Já sofrendo do coração, ele empreendeu um estudo do *Deutschtum*, que deixara para trás o respeitável culto das tradições, da língua e da cultura da Alemanha, para tornar-se uma ideologia agressiva e expansionista. Começou traduzindo trechos de livros, para documentar a sua tese, especialmente obras de viajantes alemães. Um desses livros, *Brazilien und die deutsche Kolonie Blumenau*, do Dr.

Phil. Karl Wilhelm Wettstein, *Oberleutnant A.D.*, que me ficou, está cheio de recortes do jornal *Der Urwaldsbote* (*O Mensageiro da Floresta*), dirigido pelo ferrenho pangermanista alsaciano Eugen Fouquet. Meu pai escrevia a Elsa:

> Estou lendo a valer, e se o pobre bestunto não enfraquecer de todo, pretendo fazer alguma coisa. Mas os brasileiros não me ajudam a 'abrasileirar' Blumenau.

Infelizmente esses papéis, na nossa mudança de regresso ao Rio de Janeiro, ficaram abandonados em Blumenau.

A prisão do filho causou grande aborrecimento a meu pai e agravou a doença do coração de que vinha sofrendo havia algum tempo. Pouco depois de voltar do Rio, entretanto, Joaquim, que já saíra doente da prisão, começou a passar mal; tenho para mim, embora sem provas, que seria conseqüência do período que passou preso.

Diagnosticada uma apendicite, Joaquim foi operado. Logo teve alta; estava muito bem, na aparência, já planejando uma temporada de recuperação na praia de Cabeçudas. Naquela mesma noite morreu. Mamãe e eu, no corredor do hospital, nos abraçamos, aos soluços; recebemos uma advertência da administração para não fazer barulho. E assim se foi o nosso Joaquim, sabe-se lá se por infecção hospitalar ou se por erro médico, no dia 4 de abril de 1925, com 28 anos incompletos. Era um golpe terrível. Papai encontrou forças para se vestir e receber em nossa casa, com a família, os pêsames dos amigos.

---

22. A campanha contra Joaquim de Castro (como se assinava o jovem jornalista) era movida pelos alemães pangermanistas de Blumenau, sendo seu maior agitador Eugen Fouquet, editor do jornal *Der Urwaldsbote*. Com ele polemizou Joaquim, escrevendo no *Blumenauer Zeitung* a propósito de distorções maldosas, por Fouquet, de um artigo que ele publicara em *O Dia*, de

Curitiba, jornal de que foi um dos fundadores. Expunha o ponto de vista dos brasileiros que resistiam à pregação expansionista e colonizadora do pangermanismo, já denunciada, entre outros, por Sílvio Romero. Concluía o artigo de Joaquim, sereno e otimista:

"O que os brasileiros de Blumenau, como os de todo Brasil, desejam, não é coisa de outro mundo, nem envolve hostilidade contra os teutos. Ao contrário, a simpatia que os mesmo nos merecem, os valores econômicos e morais de que são depositários, ainda mais concorrem para o desejo que nós, brasileiros de outras origens étnicas, integrados no corpo da nacionalidade, temos de vê-los também absolutamente identificados conosco. Quando se chama a atenção dos homens de governo para um tal problema, não é para oprimir-se, nem para espezinhar-se o elemento teutobrasileiro, como quer insinuar a intriga soez; é, sim, para que o governo aja energicamente contra os agentes do pangermanismo, que cria nesse meio uma mentalidade falsa. É ainda para que o governo brasileiro, em benefício do Brasil e dos próprios teutos, pela instrução moralizada e sistematizada, pela intensificação do contato dessas populações com as camadas nacionais, por uma infinda série de medidas inteligentes e hábeis, enfim, extinga insensivelmente o prefixo étnico dos teutos, fazendo deles apenas brasileiros. Se ter em vista um tão nobre objetivo, quer para os teutos, quer para todo o Brasil, é ser inimigo de alguém, é afrontar alguém, é fazer mal a alguém, então, como brasileiro e ardoroso amigo de minha pátria, eu seria inimigo de todo o resto da humanidade. Essa obra nacional de alta valia, lenta e branda, mas enérgica e persistente, quer queiram, quer não, o governo brasileiro, com o apoio unânime da nacionalidade, há de fazê-la mais cedo do que se pensa." *(N. do org.)*

O Alegre Caçula

É grato lembrar o que representou para nós, em Blumenau, a presença de Moacir. Não tínhamos o hábito de crianças em casa. Ele era bonito e chamava a atenção pelo bom gênio e pela alegria. Conquistou os frades franciscanos do Colégio Santo Antônio — frei Daniel (mais tarde bispo de Lages, com quem mamãe se correspondia), frei Genésio, frei Ernesto e frei Estanislau, historiador de Blumenau. Ali fez o curso primário, tendo sempre as melhores notas. Um dia, o frade disse em aula que não costumava elogiar alunos, mas o trabalho de um deles era tão bom que os outros precisavam conhecer — e leu. Ia à missa, mas passou da idade da primeira comunhão, que fez já no Rio, porque os franciscanos não queriam forçar, sabendo que papai era ateu. O menino manifestou a sua primeira preferência literária aos cinco anos, dizendo que o Sermão da Montanha era a coisa mais linda da História Sagrada. Por essa mesma época, deu para ser escoteiro, quando menos por gosto pela fardinha.

Poucas crianças terão tido uma infância tão feliz. O rio Itajaí foi cenário de suas travessuras. Quando ele tinha sete anos, numa eu fiz o papel de vilã. Numa tarde muito quente, o menino sumiu de casa e, desconfiada, fui procurá-lo. Passei pela venda do alemão Zwölfer, desci o barranco e logo vi os dois, ele e o amigo Erich, nus em pêlo, sem chapéu (não era permitido tomar sol sem chapéu na cabeça). Furiosa, agarrei-o e fui arrastando-o, assim mesmo nu, até em casa. Ele chorava, pedindo que não passássemos pela casa de uma menina que tinha na conta de sua namorada. Soluçava:

— Sou um infeliz. Tenho três mães: tu, Zica (como chamava mamãe) e Selda (Elsa).

Em casa, levou um pito condescendente da mãe de verdade: "Menino, sem chapéu com este sol! Pode pegar uma doença séria!".

Um dia quase morreu afogado. Aquele era um rio de súbitas enchentes (só vimos uma grande, que nos assustou). Por sorte, uma mulher, ali perto, começou a gritar por socorro e um rapaz nosso amigo, Luís Cunha, o Lulu, viu uma cabeleira flutuante na forte correnteza (Moacir usava cabelos compridos), agarrou-a e puxou o menino para a margem, onde, sob protesto, ele foi posto de cabeça para baixo, para vomitar a água bebida. Gritava:

— Vou contar para papai que tu estás me judiando!

Esse verbo era proibido lá em casa. Papai explicava que vinha da época da Inquisição e lembrava a perseguição dos cristãos aos judeus. Não houve tempo para o menino policiar a linguagem.

Alguns anos depois, em 1935, Lulu e o seu irmão gêmeo Ico (Frederico) eram subtenentes do 3º Regimento de Infantaria do Rio de Janeiro e estiveram entre os rebeldes presos por participação na "Intentona Comunista". O irmão mais moço deles, Ário, morava conosco em Blumenau. Eram filhos do prestigioso médico José Bonifácio Cunha, então já falecido.

Moacir criança foi personagem de um episódio que, pela primeira e única vez, lhe valeu umas palmadas de papai. Ele tinha passado pela venda de Zwölfer, que estava vazia, e não resistiu a levar uma garrafa de gasosa, mal escondida na calça. O alemão foi atrás dele, tomou a garrafa e deu queixa a papai:

— *Herr Castro, ihr Sohn hat eine Gasosa gestolen!*

Quando ficou sozinho com o garoto, meu pai deu-lhe umas palmadinhas. Mais tarde Moacir me contou que ficou angustiado a ponto de querer se atirar da varanda do sobrado. Mas logo desistiu, e o assunto ficou esquecido.

Por essa época Moacir levou um grande susto: pela primeira vez na vida viu um negro. No meio daquela totalidade de brancos teuto-brasileiros era uma raridade. O homem vinha da mata, onde colhera palmitos para vender na cidade.

E houve o caso do desastre. O menino tinha ganho uma bicicleta que era a sua paixão. Um dia foi pedalando até o centro e, vendo mamãe do outro lado da ponte sobre o rio Garcia, precipitou-se ao encontro dela. Um automóvel vinha em sentido contrário e o colheu. Ser atropelado por um automóvel era coisa rara (estávamos em 1923). Podia ter sido um caso sério. Mas felizmente Moacir só teve um ferimento acima do joelho direito, cuja marca ficou. Levado para casa, recebeu visitas e ganhou chocolates sentindo-se feliz da vida. Foi um acontecimento que deu que falar em Blumenau, o atropelamento do *kleine* Castro, conforme papai mandou contar detalhadamente em carta a Elsa.

Chicotada em Cavalo Agonizante

Com a morte de Joaquim, a cardiopatia de meu pai agravou-se. Não raro eu ia, noite alta, até o Hospital Evangélico, buscar a enfermeira alemã que lhe aplicava uma injeção de óleo canforado. Uma vez ele comentou comigo: "Isso é como dar uma chicotada em cavalo agonizante".

Tomava vários remédios: além de óleo canforado, teobromina, digitalina e não sei mais o quê. Achava que o café lhe fazia bem. Mas foi piorando cada vez mais. Afinal, manifestou-se um edema. Vinha até o tórax e os braços. A pele, estourada, abria-se em fendas por onde a linfa escorria. Ele arfava, sem um ai. Foi internado várias vezes no hospital protestante, porque o médico, doutor Jungblut, era de lá. A dispnéia o sufocava.

Jamais se ouvia um gemido na casa silenciosa. Ele passava as noites em claro; quando conseguia cochilar um pouco, recostado nos travesseiros (nunca se deitava), andavam todos nas pontas dos pés. Uma noite o vi sentado na cama, me olhando abatido pela dor e o sofrimento, nós dois mudos. Jamais esquecerei.

Mamãe foi incansável durante a longa e dolorosa agonia. Salvo quando o internavam, ela era a enfermeira. Cuidava da comida, dos remédios, da roupa a trocar, tudo. Ficava ao lado dele nas noites em claro, intermináveis. Sua fragilidade física escondia uma extrema coragem. Nunca se ouviu uma queixa da parte dela.

Eu ficava triste, muda, encostada na porta do quarto sem poder ajudá-la a mover o doente, todo emaciado, abafando os gemidos com a falta de ar.

Papai escrevia a Elsa dando conta da enfermidade:

> Estou preparado para a viagem e não tenho medo dela, embora prefira não fazê-la. Quero que estejas a par do que se passa comigo, para não estares a imaginar que vou muito bem. Deves saber de tudo para estares prevenida.

Elsa viajou para visitá-lo, trazendo a filha de menos de nove meses, Ione — a primeira neta dele — acompanhada da cunhada Alice Paiva Ortigão e de uma babá, Neném, que, sendo negra, fazia sucesso ao sair à rua naquela Blumenau de população toda branca. Foram dias de conversas e recordações que mitigaram um pouco o padecimento do doente.

Meus pais se amaram a vida toda. Mas sempre sem fazer alarde de seus sentimentos. Assim os lembro. Ele jamais elevava a voz para ela. Era sereno, apenas sorria, nunca o vi dar uma gargalhada. Ela era alegre (diria que nisso Joaquim era o filho que mais se parecia com ela). Foi companheira perfeita do homem que amava, acompanhando-o em todas as suas vicissitudes; bondosa, sensível, mas incapaz de se lastimar. Só a vi chorar quando perdeu filho e marido. Não posso imaginar como teria sido a entrega da Piedade, que foi o início de uma caminhada sem rumo, tendo o Abaíba como único porto seguro; mas o Abaíba, triste e só, já não era o seu ambiente natural, apenas uma contingência da vida difícil. A tristeza não a abatia, mesmo quando via frustradas as esperanças de uma vida melhor pelos fracassos de papai, na sua sucessão de pequenos empregos. Era desprendida. Quando tia Zizinha quis dar-lhe um lote da fazenda do Pau Grande, recusou: "Não, Zizinha, não quero não. Deus me deu oitocentos alqueires na Piedade e depois me tirou. Para que vou querer um lote?".

No período de maiores dificuldades, o casal apoiava-se mutuamente. Do emprego de Guaxupé, em Minas, sabe-se por uma carta comovedora que ele o largou porque não agüentava mais a saudade dela. Dava-lhe, sempre que pôde, os mais delicados presentes, que revelavam a natureza do seu sentimento por ela. Nunca ouvi uma palavra dele para mamãe que não fosse gentil. Agora ele começava a calar, para sempre.

Quando meu pai morreu, no dia 24 de fevereiro de 1926, nem puderam vesti-lo, conforme a praxe. Foi embrulhado no mais belo lençol da viscondessa de Arcozelo. Sempre dizia que queria ser enterrado no lugar onde estivesse, e assim foi, em Blumenau. Anos mais tarde, como já contei, mamãe instou para que os ossos de papai e de Joaquim tivessem sepultura no cemitério de Pati de Alferes.

No princípio nós não considerávamos que aquela doença fosse mortal. Na alegria de uma vida nova em Blumenau, tendo afinal o almejado teto, não nos preocupávamos com o futuro. Provinha de meu pai a nossa única fonte de subsistência, não poupávamos, não havia sobra. E assim, de repente, a falta do chefe da família transformou nossas vidas de forma brutal. Que seria agora de nós? Ir para o Rio, morar onde? Com que sustento? O Abaíba, de novo?

Assim, a minha história acaba em Blumenau, com a morte de meu pai.[23]

23. Maria Werneck de Castro não tinha mais forças para prosseguir, apesar de sua extraordinária vitalidade. Chegava aos 93 anos, alquebrada pela doença que a levou ao túmulo, em março de 2000. *(N. do org.)*

·III·

Caderno de Imagens

A fazenda da Piedade, por mais de um século propriedade de membros da família Werneck, teve como primeiro dono Manoel de Azevedo Matos, no século XVIII.

Página ao lado, acima
Única foto restante da casa do Abaíba, vista de lado, feita por Maria Werneck. No primeiro plano, o terreiro de pedra, com café secando.

Página ao lado, abaixo
Do alpendre, vê-se um capinzal e a estrada de Ubá. (Foto Maria Werneck).

O avô da autora, Josué Torres de Albuquerque, nascido em Fortaleza, formou-se em medicina no Rio de Janeiro.

Página ao lado
A mãe de Josué, Marina Torres, cearense de Sobral, chegou aos 102 anos. A fotografia é de quando completava o seu centenário.

João Gomes Ribeiro de Avelar (Janjão), no seu uniforme de combatente da guerra do Paraguai.

Página ao lado
Antônio Velho Ribeiro de Avelar foi, na família, um dos últimos donos da fazenda do Pau Grande. Tinha como mordomos um casal de franceses.

A fazenda do Pau Grande, existente desde 1709, foi um famoso feudo da família Avelar. Começou como produtora de açúcar e, a seguir, de café. (Fotos desta página: Pedro Oswaldo Cruz).

À esquerda

Maria Isabel de Assunção Werneck, baronesa de Pati do Alferes, retratada em traje de gala por Barandier.

À direita

Símbolo do auge da prosperidade dos fazendeiros de café fluminense no Império, Francisco Peixoto de Lacerda Werneck, barão de Pati do Alferes, ostenta sua farda de comandante da Guarda Nacional. Foi dono de sete fazendas e centenas de escravos.

O grande engenho de café da Fazenda Governo, edificação não mais existente. Gravura de Victor Frond.

marcos

o quilombo de manoél congo

R. A. — editora

RUA DO CARMO, 55-1.º — Rio

1935

O barão de Pati do Alferes, com perto de 60 anos. (Fotografia reproduzida do livro Memória sobre a fundação de uma fazenda, *em edição da Fundação Casa de Rui Barbosa).*

Página ao lado
Capa da primeira edição de O quilombo de Manoel Congo, do jovem Carlos Frederico Werneck de Lacerda, assinado com o pseudônimo de Marcos. Ilustração de Paulo Werneck. 1935.

Elsa, a irmã que partilhava com Maria Werneck o sentimento de culpa pelos maus tratos aplicados aos cativos.

Página ao lado
A prima-irmã Liginha (Ligia de Souza Matos) foi muito amiga de Maria, com quem trocava confidências e especulações sobre segredos da vida familiar.

Acima e página ao lado
Joaquim Teixeira de Castro, visconde de Arcozelo, e a esposa Maria Isabel, filha do barão de Pati do Alferes.

A fazenda Arcozelo, propriedade dos viscondes desse nome, chamou-se anteriormente Freguesia, quando foi cenário de uma fuga de escravos que formaram o quilombo de Manoel Congo.

Página ao lado

Ernesto, filho primogênito dos viscondes de Arcozelo, com sua esposa Maria Paula, filha do prefeito Pereira Passos. (Original no Museu da República).

1 de Setembro

CARDOZO & C.
á EUTERPE
86 Rua da Quitanda 86
No Imperio do Brazil é este o maior, o mais antigo e o mais acreditado estabelecimento de instrumentos de musica, physica, engenharia, optica, objectos para igreja, para dentistas, inclusive o MANUAL DO DENTISTA, de sua edição e tudo que são miudezas e accessorios relativos.

As 11 da noite principiou a trovejar, e em seguida, veio uma forte chuva de pedras, e vento que parecia que acabava o mundo. Foi uma cousa medonha. Estragou m.to café; deitou todo abaixo. O prejuizo é muito grande.

Na Freguezia tão bem choveo bem, e caio alguma pedrina.

Na P.e choveo mas não caio pedra.

Rs. 550,000

Recebi da Ex.ma Snr.a D. Maria
llet Peralta a quantia de Rs. 550,000 —
uinhentos e cincoenta mil réis, que lhe
agarei á vista deste desta data a um
nno; e para os devidos effeitos firmo o
esente.

Paty do Alferes 1 de Fevereiro de 1897

Viscondessa de Arcozello

Com a morte do marido, a viscondessa de Arcozelo passou a administrar três fazendas. A situação, já difícil, levou-a a fazer empréstimos.

Página ao lado
Durante o ano de 1887, a viscondessa de Arcozelo manteve um diário no qual assinalava com precisão os acontecimentos em suas três fazendas, como o registro de escravos.

Os barões e seus filhos e netos usavam papel de carta com requintados monogramas. Este, de Ernesto Werneck Teixeira de Castro, tem uma cor para cada inicial de cada nome.

Página ao lado
Os filhos dos viscondes de Arcozelo, todos eles varões, foram educados na Europa. O penúltimo, Mário, visto na fotografia, estudou na Inglaterra.

O pai de Maria, Luís, tratado na família por Luisinho, fez curso de agronomia em Leipzig, de 1884 a 1887.

Página ao lado
Estudantes da Universidade de Leipzig, com o colega brasileiro (o segundo de cima para baixo), numa fotografia de brincadeira.

Postal de um ex-colega de Luisinho em Leipzig, de 1906, recordando, em visita à cidade, o restaurante elegante que o grupo freqüentava.

Página ao lado
Uma luxuosa edição do Faust, de Goethe, figurava entre os livros trazidos de Leipzig pelo jovem Luis Werneck Teixeira de Castro.

Faust

Eine Tragödie von

Johann Wolfgang von Goethe.

Erster Theil.

Illustrirt in 50 Compositionen von

Alexander Liezen Mayer

Director der kgl. Kunstschule in Stuttgart.

Mit Ornamenten

von

Rudolf Seitz.

Ausgeführt in 9 Radirungen von W. Hecht und W. Krauskopf
und in Holzschnitten von W. Hecht's xylogr. Anstalt.
Gedruckt bei Gebrüder Kröner in Stuttgart auf Papier
der G. Schaeuffelen'schen Fabrik zu Heilbronn.

München.

Theodor Stroefer's Kunstverlag.

Luisinho, de volta ao Brasil, casou-se com Maria dos Anjos Avelar de Albuquerque (Iaiá), filha da dona do Abaíba.

Página ao lado
Maria Francisca das Chagas Werneck, a "prima barbada de Maçambará", retratada (provavelmente) pelo pintor Charles-Joseph Barandier. Tinha orgulho de seu ornamento capilar facial. (Foto de Isabela Tavares).

Ubá, fazenda fluminense que data do século XVIII, foi uma das mais importantes do vale do Paraíba. (Foto de Maria Werneck, feita antes da restauração da sede).

Página ao lado
Sebastião de Lacerda, ministro do Supremo Tribunal Federal, era amigo dos Werneck desde quando vereador em Vassouras. (Cortesia do bisneto Sebastião Lacerda.)

Em Blumenau, Santa Catarina, a família de Luis Werneck Teixeira de Castro, presente na fotografia (c.1920), residiu nesta casa, toda de madeira com ornatos rendilhados.

Página ao lado
O primogênito Luis, irmão de Maria, permaneceu trabalhando no Rio de Janeiro como jornalista e professor, só indo a Blumenau para visitar a família.

A Musso

Joaquim de Castro, bacharel pela Faculdade de Direito do Rio de Janeiro, perseguido por sua atuação em defesa de operários grevistas.

BRAZIL

HEBDOMADARIO

…tor-proprietario — **Dr. A. da Luz** Redactores: **Diversos** Director-secretario — **Dr. Freitas Melro**

…NO II **Blumenau (S. Catharina) Domingo, 1 de Agosto de 1920** No 57

Reminiscencias da greve

…nda a intervenção indebita e clandestina do COLLECTOR CASTRO

Tirou-se-lhe a mascara e o homem esperneou.

O Collector Castro, de joelhos, pede misericordia a um jornal allemão.

CADA MACACO EM SEU GALHO, SR. COLLECTOR.

…ça a aurora
…á-se inverno, limpida como o …reno e penetrante de Março os pés …mpios. Os sinos das egrejas re… chamando os fieis á oração. Es… em pleno Domingo, o dia mais … santificado e, pelas nossas cren… [illegible] …

…spertou do [illegible] … um pouco, carros e automoveis, …as suas principaes arterias, trans… as creaturas que iam render … Senhor pelos beneficios em … na semana.

…ambiente embalsamado de gran… [illegible] … cada lar a … noticia … [illegible] … lhe … respeito.

… [illegible] … grandes novas, … [illegible] … de sensação, … o jornal era lido e commenta… [illegible] … já por que … Castro, como um palhaço de … chamava para si todas as attenções, …mpunhando a folha e ziguezagueando um acrobata, amaldiçoava os …ladores, ameaçando céos e terra, … se suas ameaças valessem de al… …rma.

…pelo menos, não as tememos e … lhe faremos conta.

…tos á lucta, sentimo-nos melhor … as ondas se encapellam, e, re… …do na praia, voltam magestosas …do, em admiraveis esculpturas da … verdade, em todo o seu esplendor.

… cêdo, no Domingo ultimo, o Col… Castro, todo *enfraquecido*, á moda …, borboleteava pela cidade, de … déo, de casa em casa, a procura … nem que lhe quizesse ouvir os … e a quem pudesse relatar as … historias da carochinha.

…a que fez pena.

… [illegible] … mais [illegible] … a sua …

…blica, por ver que o homem, desnorteado, se envergonhava deante dos factos que lhe eram imputados, e contra os quaes elle nada podia e nem póde oppôr.

A paciencia tambem se esgota, Sr. Collector.

A sua fama de fallador, de penetra, [illegible] …

… as suas azas cresceram tanto que agora será preciso cortal-as.

Admire, Sr. Collector.

Fique sabendo de uma vez para sempre, que nós temos a certeza de interpretar os sentimentos da maioria dos habitantes de Blumenau, dizendo-lhe as ver… [illegible] …

…rancando-lhe a mascara sob a qual tantas façanhas o Sr. vinha praticando.

Em Blumenau todos lhe conhecem como tal e os seus amigos de hontem, que são os seus inimigos de hoje, o são porque não lhe poderam supportar a deslealdade, porque se não conformavam [illegible] … são dos seus … apreciados.

Mas, contra factos não ha argumentos.

Porque razão o Collector Castro se tornou inimigo figadal do Dr. Pedro Silva, ex-juiz de direito desta comarca, homem de uma integridade á toda prova e, que daqui sahiu confortado e homenageado pelas suas grandes virtudes e pelo muito que fez por esse recanto da terra catharinense?

O que é que deu motivo a que o Dr. Pedro Silva, não podendo mais supportar a deslealdade criminosa do Collector Castro, desmascarasse-o de publico, sendo-lhe o que se não diz a um … [illegible] … e atirando-lhe nas faces os labeus mais indignos que se podem imaginar?

Será pelo que nós dizemos?

Responda o Sr. Collector Castro, com aquelle poder de logica que é um apanagio do seu espirito, para não dizer o contrario.

Agora, para terminar, por hoje.

O Collector Castro, no domingo ultimo, depois de desmascarado, ás tontas, foi ter com o seu amigo do peito (que fatalmente amanhã será tambem seu inimigo, como todos os outros) o criminoso director do «Blumenauer Zeitung», jornal genuinamente allemão, e, atirando-se-lhe aos pés, pediu-lhe misericordia, lembrando-lhe talvez aquelle tempo em que foi seu collaborador, dando-lhe a publicar aquelles artigos, em portuguez de calão, injuriosos por demais, ao relatar os acontecimentos de Novembro do anno passado.

Profundamente penalisado, o director do «Blumenauer Zeitung» atten… [illegible] … aquella local com protecção á … generosidade.

Este desenho de Maria (1923), copiado de detalhe do quadro de um pintor clássico, revela uma vocação artística que só se manifestaria plenamente quando ela já era idosa.

Página ao lado
João de Lacerda Paiva, que foi a Blumenau pedir a mão de Elsa em casamento, aparece na fotografia sentado, no centro, com a família da noiva.

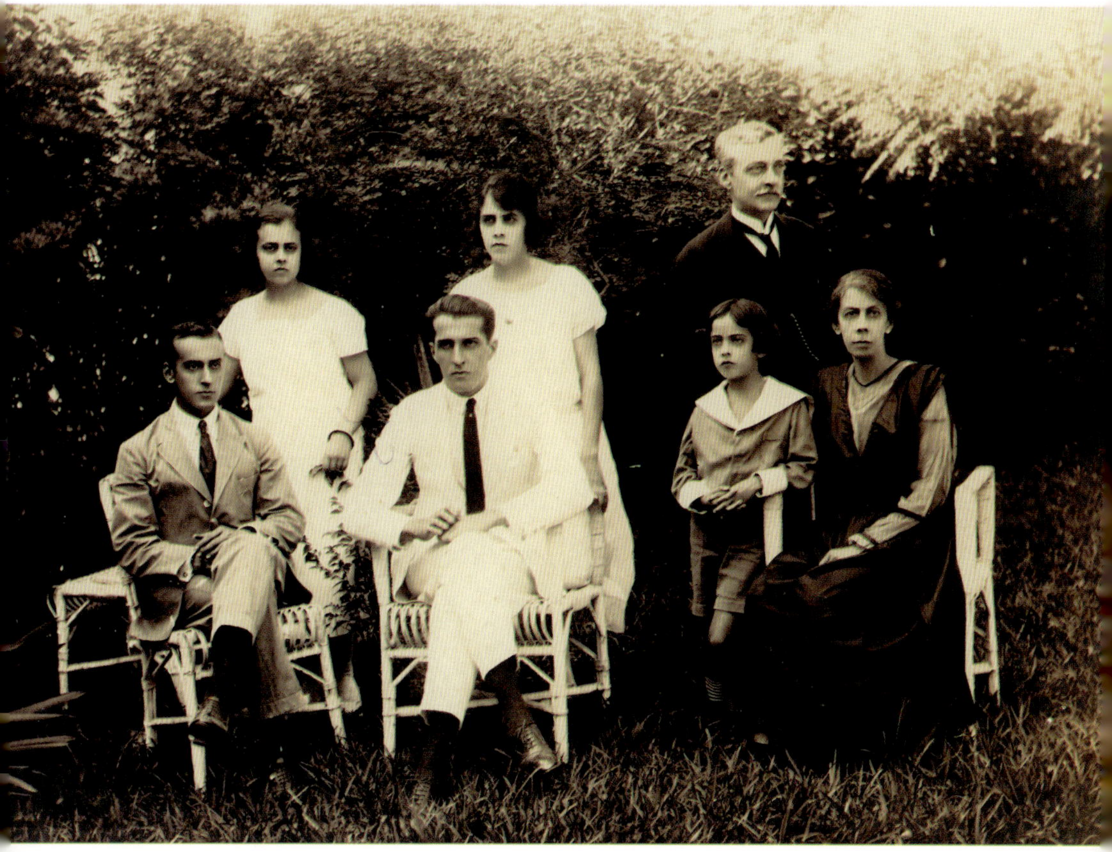

O casamento de Elsa e João, em 15 de agosto de 1923, lembrou à família suas origens fluminenses, com a presença de convidados do Rio.

Página ao lado
Maria com Moacir (1924)

Fantasiadas de gregas, Maria e duas amigas teuto-brasileiras formam uma juvenil mistura de origens étnicas num corso em Blumenau.

Página ao lado
O caçula Moacir, aos quatro anos, vestido de escoteiro, com o cão Peri, era a alegria da família, dada a diferença de idade em relação aos irmãos.

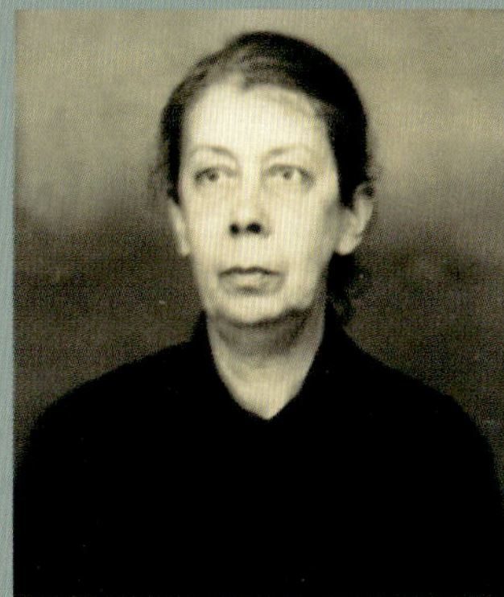

Em 1930, precisando viajar do Rio de Janeiro para o interior, Iaiá tirou um salvo-conduto da polícia, do qual consta esta foto.

À esquerda
Vítima de uma cardiopatia que se agravou depois da morte do filho Joaquim, Luis Werneck Teixeira de Castro veio a falecer no início de 1926.

Página ao lado
Fotografia da família reunida em 1917, em Blumenau SC.

A fazenda Monte Alegre, na então freguesia de Pati dos Alferes, foi adquirida pelo barão de Pati em 1855, e teve a primeira reforma de sua sede concluída pouco antes do falecimento do dono. (Foto ao lado: Pedro Oswaldo Cruz).

1861

A fazenda de Monte Alegre, outrora pertencente ao barão de Pati do Alferes, foi adquirida em 1976 pelo engenheiro e escultor Gabriel Fonseca, que a restaurou durante seis anos. (Foto da sede restaurada, de Pedro Oswaldo Cruz, 1995).

Página ao lado
A partir dos anos 60, Maria Werneck de Castro tornou-se mestra do desenho botânico no Brasil. Esta Norantea brasiliensis, *de 1986, é um arbusto típico das planícies litorâneas, com inflorescência de tom vermelho. Categoria ameaçada de extinção.*

Norantea brasiliensis Choi
Wernecke de Castro. 1986
Ensaio para estudo da espécie

Nota da Autora sobre suas Fontes

Maria Werneck de Castro deixou o texto abaixo, citando fontes por ela utilizadas para redigir seus relatos memorialísticos.

Minhas notas foram baseadas ou inspiradas, entre outros, nos seguintes livros: *Vassouras — um município brasileiro do café, 1850-1900*, de Stanley J. Stein; *Barões e escravidão*, de Eduardo Silva; *Memória sobre a fundação e custeio de uma fazenda na província do Rio de Janeiro*, de Francisco Peixoto de Lacerda Werneck, barão de Pati do Alferes; *O casal Furquim Werneck e sua descendência* e *Os Ribeiro de Avelar da fazenda do Pau Grande*, de Roberto Menezes de Moraes; *Notas para a história da vila do Pati de Alferes*, de frei Aurélio Stulzer; *Livro da família Werneck*, de Belisário Vieira Ramos e *A fazenda do barão de Pati do Alferes (Fazenda da Piedade)*, de Francisco de Paula e Azevedo Pondé, na *Revista do Instituto Histórico e Geográfico Brasileiro*, nº 327.

Outras fontes foram comentários ouvidos na infância e na adolescência; o trato com parentes de idade avançada, que tinham vivido na opulência e estavam pobres, alguns na penúria. Inspiraram-me, ainda, passagens por várias fazendas, entre as quais: Arcozelo, ainda mais ou menos conservada (Paschoal Carlos Magno, tão esquecido, transformou-a numa casa para estudos de teatro); Monte Alegre, que foi hotel (os grandes quartos divididos por meias paredes de madeira); Pau Grande, quando ainda era do primo Antônio Ribeiro de Avelar. Muitas outras foram adulteradas pelo mau gosto, como Monte Líbano, Santana, Ribeirão, Japão, Guaraní, Taboões, São José e Vera Cruz.

APÊNDICE I

Compra e Reforma de Monte Alegre

Atendendo a um pedido do organizador deste livro, o engenheiro e escultor Gabriel Fonseca, redigiu em carta pessoal um completo relato das circunstâncias em que adquiriu e reformou a casa da fazenda Monte Alegre, antiga propriedade do barão do Pati do Alferes, por ele encontrada em ruínas. Dado o grande interesse desse testemunho, era óbvio que ele deveria ser transcrito na íntegra. É o seguinte o texto de Gabriel Fonseca:

"Pati do Alferes, 8 de junho de 2003

Caro Moacir,

Eu andava procurando sítio para comprar, aqui por Pati do Alferes ou Miguel Pereira, quando alguém me falou que Monte Alegre estava à venda. Agradeci e disse que aquilo não era para meu bico, pois uns 20 anos antes de 1976, quando finalmente comprei a propriedade, estive aqui e me lembrava bem da sua imensidão. Mas, por via das dúvidas, resolvi visitá-la e, de curiosidade, ver quanto custava. Ao chegar encontrei escombros. Mantinha-se ainda inteira apenas a fachada, pois a construção era de pedra. Todo o resto era ruína.

Apenas um empregado tomava conta da casa e soube que o dono não a visitava há mais de 20 anos. Perguntei se estava à venda e ele me disse que a partir daquele dia, estava. Dei um passeio pelos 150 mil m^2 do terreno, cuja metade ainda era resquício bem-conservado de mata atlântica, onde, devido ao acentuado desnível, o barão de Pati do Alferes deve ter poupado a derrubada total, pois não se prestava muito para implantação de cafezal.

Perguntei o preço e me surpreendi quando soube o valor, que correspondia na época ao de um apartamento de sala e quarto em Copacabana. A cifra exata não me lembro mais, porque de lá para cá tantas moedas já tivermos que a gente perde a noção.

Por aquele preço, resolvi comprar e peitar a empreitada de restaurar tudo. Disse ao caseiro que ia buscar minha mulher e se ela gostasse, o negócio seria fechado no momento. Voltei uma hora depois com a Claude, que também se encantou, e em dez minutos apalavrei a compra, prometendo a ele uma boa comissão para que dissesse a outros pretendentes que a casa não estava mais à venda. E assim foi. Era domingo, e na segunda feira fui falar com o dono, quando várias coincidências aconteceram. O dono era amigo de meu pai nas farras da mocidade de ambos. Ele descobriu porque tenho o mesmo nome do meu pai. Em 15 minutos de conversa, deixei um sinal e o resto paguei em Vassouras, onde ficava o cartório no qual foi lavrada a escritura.

Na sexta-feira seguinte tomei posse. Passei horas sentado nas ruínas. Caí na real. E agora? O que fazer? Como fazer? Recuperar isto vai ficar por uma fortuna! Meu sogro deu a maior bronca em minha mulher, dizendo ser um absurdo ela haver concordado com uma loucura dessas... Alguns amigos e colegas de profissão disseram que eu iria gastar milhares de dólares para restaurar aquele mastodonte.

Apesar de minha profissão (engenheiro industrial), ninguém, nem os engenheiros civis, aprendem na escola esse tipo de construção, onde se usava adobe, bosta de vaca, capim, paredes de taipa, ripas de tronco de coqueiro, pedras de 500 kg, gigantescas peças de madeira etc. Naquela época nem cimento existia. Tudo era construído com a matéria prima coletada no entorno, quando os barões arrasavam as florestas para implantar cafezais e erguer suas mansões. À medida que desbravavam as matas, iam aproveitando tudo o que era necessário para construir a casa.

Conversei com um colega, famoso calculista. Ao pedir ajuda, ele, rindo, me disse que não sabia calcular pau. Entretanto, deu um caminho, dizendo que eu deveria usar apenas o bom senso. Tenho vários arquitetos amigos, os quais convidei para também me ajudarem e a resposta geral foi dizer que o arquiteto daquela casa já tinha feito tudo. Apesar disso, vários foram levantando e descobrindo como a casa deveria ter sido. Li muita coisa sobre a época do café no Brasil. As revistas do Patrimônio Histórico foram de especial ajuda (graças ao nosso saudoso Rodrigo M.F. de Andrade).

Depois de muito olhar, muito especular, acabei desvendando o esquema básico de como eram feitas as casas daquela época:

- Uma fachada de cantaria com 9 m de altura e com 31 m de comprimento.
- Paralelamente à fachada, no centro da casa, um paredão de pedra, também com 31 m de comprimento e espessura de 80 cm de largura mas só na metade da altura da fachada, ou seja, 4,5 m.
- Nos fundos, encostado no barranco, funcionando também como um muro de arrimo, outro paredão igual ao paredão central.

- Estes três elementos paralelos, distando entre si 6 m, formam a base do arcabouço estrutural da construção sobre a qual repousam centenas de barrotes em madeira de alta resistência com seção quadrada de 45 cm dispostos transversalmente a cada 60 cm.
- Sobre o paredão central e sobre o muro de arrimo com 4,5 m de altura foram levantadas até a altura da fachada, paredes de pau a pique, algumas trançadas em bambu, outras incluindo troncos de coqueiros (pati) e algumas com peças de madeira. Agora, os três elementos estruturais básicos com 9 m de altura iriam receber o madeirame do telhado
- Sobre as tesouras compostas com peças de madeira de lei superdimensionadas, as terças e as ripas repousavam as pesadas telas em argila queimada, feitas literalmente "nas coxas" pelos escravos.

Tal era a estrutura básica da construção, e tudo que fosse feito deveria respeitar essa concepção, ou a obra estaria fadada ao fracasso.

Não vou detalhar muito mais porque ficaria enfadonho, mas, com bom senso e caso a caso, fomos eu e mais quatro (apenas quatro) operários tocando a obra. Gastamos praticamente cinco anos para chegar ao final. O custo foi muito baixo porque os operários eram poucos e, em se tratando de restauração, grande parte dos materiais foram recuperados dos próprios escombros, "descupinizados", tratados e reutilizados.

Vale a pena ainda contar dois fatos. O primeiro foi minha descoberta dos vestígios de um paisagismo que mais tarde soube ter sido realizado por Auguste-François Glaziou, companheiro de Grandjean de Montigny, da Missão Francesa. Mais tarde observei bastante semelhança com aspectos do paisagismo da Quinta da Boa Vista, além de algumas plantas exóticas de uso habitual por Glaziou. Mantenho esses vestígios intocados como os encontrei.

O outro fato foi engraçado. Ao substituir uma moldura de porta no paredão central, quando o carpinteiro arrancou uma peça de madeira vertical com 3m x 80 cm, um monte de ossos carcomidos pelo tempo se espalharam no chão. O carpinteiro, apavorado, fechou rapidamente o vão, pensando serem ossos de alguém que havia sido emparedado. Se eram ossos humanos eu não sei.

Abraços,

Gabriel."

APÊNDICE II

Árvore Genealógica
de Maria Werneck de Castro

- Maria Werneck de Castro — *Fazenda da Piedade*
  - Luís Werneck de Castro — *Viscondes do Arcozelo x 1855* — *Fazenda da Freguesia, da Piedade e Monte Alegre*
    - Joaquim Teixeira de Castro 1825-1891 — *Proprietários Porto - Portugal*
      - João Teixeira
        - João Teixeira
        - Victoria Santos
      - Ana Joaquina
        - Manoel Coelho de Castro
        - Maria Joaquina
    - Maria Isabel de Lacerda Werneck "Maricota" 1840-1912 — *Barões do Pati do Alferes* — *Fazendas da Piedade, Monte Alegre, Santana e outras*
      - Comandante-Chefe Francisco Peixoto de Lacerda Verneck — *Fazenda da Piedade*
        - Sargento-Mór Francisco Peixoto de Lacerda
        - Ana Mathildes Verneck
      - Maria Isabel de Assumpção — *Construiu a casa da Fazenda Pau Grande*
        - Capitão Luis Gomes Ribeiro
        - Joaquina Mathildes de Assumpção
  - Maria dos Anjos Avellar Albuquerque "Iaiá dos Anjos" — *Fazenda Abaíba*
    - Dr. Josué Torres de Albuquerque Médico - Ceará
      - Comendador Manoel José de Albuquerque
      - Mariana Torres
    - Carolina Ribeiro de Avellar "Carola"
      - Comendador José Gomes Ribeiro de Avellar
        - (Capitão Luis Gomes Ribeiro / Joaquina Mathildes de Assumpção)
      - Maria Francisca Werneck — *Fazendas das Pindobas e do Sacco*
        - Comendador Francisco das Chagas Verneck 1778-1846
        - Ana Joaquina de São José

- Capitão André Francisco Peixoto de Lacerda da Silveira Bittencourt
  Escrivão de Mesa Grande da Alfândega da Ilha do Faial
  - Antonio Francisco de Bittencourt
    - Manoel de Avilla Bittencourt
      - Francisco Peixoto da Silveira
        - Antonio da Silveira Bittencourt
        - Bárbara Goulart
      - Maria de Azevedo
    - Isabel da Silveira Muniz
  - Francisca Ignacia da Silveira
    - Antonio da Silveira Lacerda
    - Maria de São Francisco
      - Manoel Rodrigues
      - Maria da Silveira
- Gertrudes Mariana de Silveira Bittencourt

- Sargento-Mór Ignacio de Souza Verneck
  - Abaixo
- Francisca das Chagas Monteiro
  - Ajudante Francisco das Chagas Monteiro
    - Manoel Vieira Ribeiro
      - Manoel Vieira Ribeiro
      - Maria Barbosa
    - Luzia Monteiro
      - Matheus Tavares
      - Isabel Pereira
  - Isabel Maria da Visitação
    - Manoel da Guerra
      - Antonio Rodrigues
      - Catarina de São Boaventura
    - Antonia da Costa
      - Pedro da Costa
      - Ana Rodrigues de Melo

- Antonio Gomes
- Joana Francisca
  - João Rodrigues
  - Paula da Cruz
    - Manoel de Avellar
    - Maria da Cruz

- Tenente Antonio Ribeiro de Avellar
  Negociante no Rio de Janeiro
- Antonia Maria da Conceição
  - Provedor da Igreja de Santa Rita-RJ (Braz Gonçalves Portugal)
  - Francisca Antonia de Assumpção
    - Patrão-Mór do Porto do RJ João Lopes
    - Brigida de Macedo
      - Antonio Lopes de Macedo
      - Maria de Alvarenga
        - João Garçon
        - Ignacia da Costa

- Sargento-Mór Padre Ignacio de Souza Verneck
  - Manoel de Azevedo Mattos (Ilha do Pico-1701)
    - Lourenço de Mattos
    - Maria Leal
  - Antonia Ribeira (Rio - 1716)
    - João Berneque ou John Braneck
    - Isabel de Souza
      - Capitão Francisco Gomes Ribeiro Provedor da Santa Casa do Rio de Janeiro
        - Manoel Fernandes
        - Maria Gomes
- Francisca das Chagas Monteiro
  - Acima

- Capitão Francisco José Alves (Braga Portugal)
  - Domingos Alves Cardoso
  - Maria das Candeas
- Ana Maria de Jesus (Pati do Alferes)
  - Pedro Rodrigues Manso Sesmaria da Divisa
    - Cascais Portugal
  - Rosa Maria de Jesus
    - Coronel Fernando Silva
    - Ana Eufrázia da Silva
      - Gaspar de Godoy (de São Paulo)
      - Ana Maria Pedroso de Moraes (de São Paulo)
        - Cristovão da Cunha
        - Maria de Moraes Barros

Dados Biográficos

Maria Werneck de Castro nasceu em Vassouras , RJ , em 24 de agosto de 1905. Passou a maior parte da infância na fazenda do Abaíba, de sua avó materna Carolina Avelar de Albuquerque. Dos 10 aos 20 anos viveu em Blumenau — SC, onde seu pai foi coletor federal. Em 1935 foi nomeada para a Caixa Econômica Federal, no Rio de Janeiro, cargo de que se aposentou em 1971. Em 1959, aos 54 anos, pediu transferência para Brasília, que se inauguraria no ano seguinte como nova capital do Brasil. Ali, como pioneira, enfrentou as dificuldades e carências dos primeiros tempos da cidade.

Valendo-se do aprendizado de desenho que adquirira em Santa Catarina e aperfeiçoara no Rio de Janeiro, começou a se interessar pelas plantas do cerrado, especializando-se nas Dorstênias ameaçadas de extinção. De volta ao Rio, em 1972, aprimorou sua técnica, consagrando-se como mestra na iconografia botânica, de renome internacional. Realizou várias exposições, inclusive uma em Washington, na Biblioteca do Congresso. Já aposentada, dedicou-se a anotar suas memórias, em particular suas lembranças de menina na fazenda do

Abaíba, nas quais revelava, segundo o historiador Eduardo Silva, "um olhar de etmóloga", e que iria compor a primeira parte deste livro.

A segunda parte, "Apogeu e decadência dos barões do café", é um painel histórico sobre famílias tradicionais fluminenses, os Werneck e os Avelar. Aí se destaca seu bisavô, Francisco Peixoto de Lacerda Werneck, barão de Pati do Alferes, que foi dono de sete fazendas e perto de mil escravos, e autor de um livro de sucesso, *Memória sobre a fundação de uma fazenda na província do Rio de Janeiro*. Duraria pouco o auge do ciclo do café fluminense: "Um dia a festa acabou" registra Maria Werneck, bisneta do barão, cujo ramo familiar passou da grande riqueza à quase penúria.

Escritora nata, pessoa culta e viajada, foi querida dos que com ela conviveram, por sua delicadeza e modéstia. Como atesta Rubens Ricupero, que ainda jovem diplomata, a conheceu em Brasília nos anos 60; "com o coração do lado certo, o dos movimentos de emancipação social, de rigoroso espírito científico (...) tinha a paixão do conhecimento e da beleza, que nos inoculou".

Faleceu no Rio de Janeiro, em 12 de março de 2000.

MOACIR WERNECK DE CASTRO é jornalista e escritor. Nasceu em Barra Mansa, RJ, em 28 de fevereiro de 1915. Publicou os seguintes livros: *O Libertador — A vida de Simón Bolívar*; *Mário de Andrade — Exílio no Rio*; *O sábio e a floresta* e *Missão na selva*, biografias, respectivamente de Fritz Müller e Emil Odebrecht; *A Ponte dos Suspiros* e *A máscara do tempo*, ensaios; e *Europa 1935 — Uma aventura de juventude*, relato autobiográfico. Traduziu numerosas obras, entre as quais *O general em seu labirinto* e *Do amor e outros demônios*, de Gabriel García Márquez, e *O jogador* e *O eterno marido*, de Dostoievski.

Foi assessor editorial da Enciclopédia Britannica do Brasil, tendo participado da elaboração da Enciclopédia Mirador Internacional, e colaborador do Dicionário de ciências sociais, da FGV-Unesco. Foi co-fundador, com Jorge Amado e Oscar Niemeyer, de *Paratodos — Quinzenário da Cultura Brasileira*, e redator-chefe do jornal *Última Hora*, membro do Conselho Estadual de Cultura do Governo do Rio de Janeiro e do Conselho Deliberativo da Associação Brasileira de Imprensa, em vários mandatos. Tem colaborado em diversos órgãos da imprensa brasileira.

A HOMÔNIMA. Outra Maria Werneck de Castro existiu e foi conhecida por títulos diferentes — uma coincidência de nomes que é necessário explicar ao leitor. Luís Werneck de Castro, irmão mais velho da autora deste livro, casou-se em 1929 com Maria Cresta Mendes de Moraes, filha do jurista Justo Mendes de Moraes, a qual, pelo casamento, passou a chamar-se Maria Moraes Werneck de Castro, ou Maria Werneck de Castro e Maria Werneck, tornando-se homônima de sua cunhada. Foi dirigente da União Universitária Feminina, advogada e educadora. Participante da Aliança Nacional Libertadora, foi presa como implicada no levante armado de novembro de 1935. Na Casa de Detenção teve como companheiras de cárcere, entre outras, Nise da Silveira, Eneida de Moraes e Beatriz Bandeira, a única sobrevivente do grupo. Ali esteve presa também Olga Benário, mulher de Luís Carlos Prestes, já grávida, de quem ficou amiga. Em 1988 publicou o relato *Sala 4, primeira prisão política feminina*, prefaciado por Luís Carlos Prestes. (*Nota do organizador.*)

COLOPHON

Este livro foi editado no verão de 2004, na cidade de São Sebastião do Rio de Janeiro. Foram utilizados os tipos criados por William Caslon em 1725

CIP-BRASIL CATALOGAÇÃO NA FONTE
SINDICATO NACIONAL DOS EDITORES DE LIVROS, RJ

C352n

Castro, Maria Werneck de, 1905-2000
No tempo dos barões : histórias do apogeu e decadência de uma família fluminense no ciclo do café / Maria Werneck de Castro ; organização, pesquisa, iconografia e notas de Moacir Werneck de Castro ; prefácio Eduardo Silva. Rio de Janeiro : Bem-Te-Vi, 2004
216p. : il.

ISBN 85-88747-08-1

1. Castro, Maria Werneck de, 1905-2000. 2. Castro, Werneck (Família). 3. Café – Cultivo – Rio de Janeiro (Estado) – História. 4. fazenda de café – Rio de Janeiro (Estado). 5. Paraíba do Sul, Vale do (RJ e SP) – Usos e costumes. / Escravidão.
I. Castro, Moacir Werneck de, 1915-. II. Título.

04-2807. CDD 927.59981
CDU 929 CASTRO, MARIA W. DE

13.10.04 19.10.04 007987